Bibliothek der Mediengestaltung

Konzeption, Gestaltung, Technik und Produktion von Digital- und Printmedien sind die zentralen Themen der Bibliothek der Mediengestaltung, einer Weiterentwicklung des Standardwerks Kompendium der Mediengestaltung, das in seiner 6. Auflage auf mehr als 2.700 Seiten angewachsen ist. Um den Stoff, der die Rahmenpläne und Studienordnungen sowie die Prüfungsanforderungen der Ausbildungs- und Studiengänge berücksichtigt, in handlichem Format vorzulegen, haben die Autoren die Themen der Mediengestaltung in Anlehnung an das Kompendium der Mediengestaltung neu aufgeteilt und thematisch gezielt aufbereitet. Die kompakten Bände der Reihe ermöglichen damit den schnellen Zugriff auf die Teilgebiete der Mediengestaltung.

Weitere Bände in der Reihe ▶ http://www.springer.com/series/15546

Peter Bühler · Patrick Schlaich · Dominik Sinner

Digitalmedien-Projekte

Briefing – Planung – Produktion

Peter Bühler
Backnang, Deutschland

Patrick Schlaich
Kippenheim, Deutschland

Dominik Sinner
Konstanz-Dettingen, Deutschland

ISSN 2520-1050   ISSN 2520-1069   (electronic)
Bibliothek der Mediengestaltung
ISBN 978-3-658-31377-7   ISBN 978-3-658-31378-4   (eBook)
https://doi.org/10.1007/978-3-658-31378-4

Die Deutsche Nationalbibliothek verzeichnet diese Publikation in der Deutschen Nationalbibliografie; detaillierte bibliografische Daten sind im Internet über ▶ http://dnb.d-nb.de abrufbar.

Planung: Sybille Thelen
Springer Vieweg ist ein Imprint der eingetragenen Gesellschaft Springer Fachmedien Wiesbaden GmbH und ist ein Teil von Springer Nature.
Die Anschrift der Gesellschaft ist: Abraham-Lincoln-Str. 46, 65189 Wiesbaden, Germany

Vorwort

Die neue Buchreihe „Bibliothek der Mediengestaltung" mit ihren 26 Bänden ist mittlerweile vollständig erschienen und eingeführt. Die vielen positiven Rückmeldungen von Ihnen, liebe Leserinnen und Leser, haben uns in unserer damaligen Entscheidung bestätigt, das „Kompendium" aufzulösen und dessen Inhalte in Einzelbände aufzuteilen – eine Übersicht finden Sie am Ende des Buches.

Immer wieder wurden wir aber auch darauf angesprochen, ob wir die eher theorielastigen Bücher nicht durch „Praxisbände" ergänzen könnten. Diesem nachvollziehbaren Wunsch tragen wir mit den nun vorliegenden Projektebänden Rechnung[1].

Die Planung, Durchführung und Reflexion von Projekten stellt eine Kernkompetenz der Mediengestaltung dar. In Projekten lassen sich nicht nur die theoretischen Kenntnisse an Praxisbeispielen anwenden – die Lernenden erweitern hierdurch auch ihre Methoden-, Sozial- und Personalkompetenz.

Bei der Konzeption der Projektebände haben wir das Ziel verfolgt, jedes Projekt nach dem Prinzip der vollständigen Handlung umfassend zu bearbeiten. Dies spiegelt sich im identischen Aufbau der Kapitel wider.

Jedes Kapitel beginnt mit einem *Briefing*, in dem der Projektauftrag vorgestellt und die hierfür erforderlichen Fachkenntnisse beschrieben werden. Im Briefing erhalten Sie auch Hinweise auf die erforderliche Software sowie einen Link zu den benötigten Projektdateien. Im Abschnitt *Planung* wird der zur Umsetzung des Projekts notwendige Workflow stichwortartig beschrieben. Wer über die erforderlichen Softwarekenntnisse verfügt, kann ab dieser Stelle mit der eigenständigen Umsetzung des Projekts fortfahren. Alternativ führen wir Sie im Abschnitt *Produktion* in ausführlichen Schritt-für-Schritt-Anleitungen durch das Projekt. Zahlreiche Screenshots helfen auch Anfängern, sich in der Software zurechtzufinden. Die Bücher können somit wahlweise im Unterricht oder im Selbststudium, beispielsweise zur Prüfungsvorbereitung, eingesetzt werden.

Bei der Auswahl der Projekte haben wir uns an den Rahmenplänen, Studienordnungen und Prüfungsanforderungen der Ausbildungs- und Studiengänge der Mediengestaltung orientiert. Eine Übersicht über die Projektebände der Bibliothek der Mediengestaltung finden Sie auf der rechten Seite. Die zur Umsetzung der Projekte benötigten Dateien können Sie von der zur Buchreihe gehörenden Website **www.bi-me.de** herunterladen.

Die Bibliothek der Mediengestaltung richtet sich an alle, die eine Ausbildung oder ein Studium im Bereich der Digital- und Printmedien absolvieren oder die bereits in dieser Branche tätig sind und sich fortbilden möchten. Weiterhin richtet sich die Bibliothek der Mediengestaltung auch an alle, die sich in ihrer Freizeit mit der professionellen Gestaltung und Produktion digitaler oder gedruckter Medien beschäftigen.

Ein herzliches Dankeschön geht an unsere langjährige Lektorin Ursula Zimpfer sowie an Sybille Thelen und das Team des Verlags Springer Vieweg für die Unterstützung und Begleitung dieser Buchreihe. Ein großes Dankeschön gebührt aber auch Ihnen, unseren Leserinnen und Lesern, die uns in den vergangenen Jahren immer wieder auf Fehler hingewiesen und Tipps zur weiteren Verbesserung unserer Bücher gegeben haben.

Wir wünschen Ihnen, liebe Leserinnen und Leser, ein gutes Gelingen Ihrer Ausbildung, Ihrer Weiterbildung oder Ihres Studiums der Mediengestaltung und viel Spaß bei der Umsetzung vieler spannender Projekte.

Heidelberg, im Frühjahr 2021

Peter Bühler
Patrick Schlaich
Dominik Sinner

1   Die Bände „Bild- und Grafikprojekte"
    sowie „Projekte zur Produktgestaltung"
    erscheinen 2022.

Inhaltsverzeichnis

Präsentation

Briefing

Szenario

Für ein Referat über die *Grundlagen des Offsetdrucks* soll eine Präsentation erstellt werden. Benötigt werden neben Folien mit Text und Bildern auch eine animierte Infografik, außerdem soll ein YouTube-Video eingebunden werden und abspielbar sein.

Der Schwerpunkt dieses Projekts wird auf die Gestaltung des sogenannten *Folienmasters* gelegt. In diesem werden alle Voreinstellungen zu Typografie und Layout getroffen, damit die späteren Folien alle das gleiche Erscheinungsbild haben.

Die Erstellung der eigentlichen Präsentationsfolien wird in dieser Übung nur exemplarisch an einigen Folien unterschiedlichen Typs aufgezeigt.

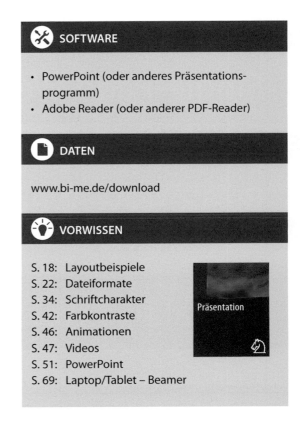

SOFTWARE

- PowerPoint (oder anderes Präsentations-programm)
- Adobe Reader (oder anderer PDF-Reader)

DATEN

www.bi-me.de/download

VORWISSEN

S. 18: Layoutbeispiele
S. 22: Dateiformate
S. 34: Schriftcharakter
S. 42: Farbkontraste
S. 46: Animationen
S. 47: Videos
S. 51: PowerPoint
S. 69: Laptop/Tablet – Beamer

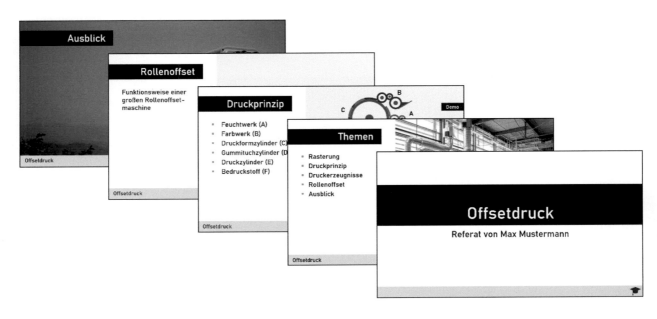

© Springer Fachmedien Wiesbaden GmbH, ein Teil von Springer Nature 2021
P. Bühler et al., *Digitalmedien-Projekte*, Bibliothek der Mediengestaltung,
https://doi.org/10.1007/978-3-658-31378-4_1

Technische Angaben

Digitale Präsentationen werden heute überwiegend mit Hilfe eines Beamers präsentiert. Eine Alternative, die preislich immer attraktiver wird, sind großformatige Displays, die direkt an der Wand montiert werden und somit eine zusätzliche Projektionsfläche überflüssig machen.

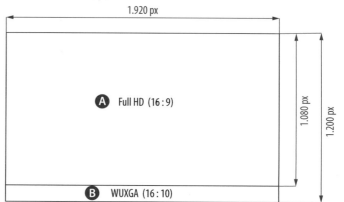

Die beiden wichtigsten Kennwerte eines Beamers bzw. Displays sind ihr Seitenverhältnis und Pixelmaß.

- *Seitenverhältnis:* Das Seitenverhältnis gibt an, wie sich die Breite zu Höhe verhält. Üblicherweise werden hierbei ganze Zahlen verwendet, die beiden wichtigsten Verhältnisse sind 16:9 und 16:10.
- *Pixelmaß:* Die Anzahl an Pixeln in der Breite bzw. Höhe des Gerätes wird als Pixelmaß bezeichnet. Aktuell sind vor allem zwei Werte von Bedeutung: 1.920 x 1.080 Pixel wird auch als *Full HD* **A** bezeichnet, während 1.920 x 1.200 Pixel die Abkürzung *WUXGA* (Wide Ultra Extended Graphics Array) **B** hat. Sie können nachrechnen, dass es sich bei Full HD um ein 16:9- und bei WUXGA um ein 16:10-Format handelt.

Leider ist oft nicht bekannt, welcher Beamer zur Verfügung steht oder welches Seitenverhältnis dieser besitzt. In diesem Fall belassen Sie es bei der PowerPoint-Voreinstellung von 16:9.

Die Kenntnis der Pixelmaße spielt auch für die Bildauswahl eine Rolle: Möchten Sie ein Foto formatfüllend zeigen, dann sollte es in etwa die Maße des Endgerätes, also z.B. 1.920 x 1.080, haben. Wird ein kleineres Bild einfach vergrößert, dann führt dies zu einem deutlich sichtbaren Qualitätsverlust.

Planung

Konzeption

- Dateien sichten
- Bilder recherchieren
- Video recherchieren

Folienmaster

- Grundeinstellungen vornehmen
- Schrift wählen und Text formatieren
- Logo platzieren
- Layouttypen erstellen

Folien

- Text eingeben
- Bilder platzieren
- Grafik, Diagramm erstellen
- Video verlinken

Präsentation

- Präsentation testen
- Handout erstellen
- Als PDF exportieren

Produktion

Projekt vorbereiten

1 Laden Sie alle Arbeitsdateien zum Projekt herunter und sichten Sie diese.

2 Starten Sie PowerPoint und erstellen Sie eine neue (leere) Präsentation.

3 Wählen Sie im Menü *Einfügen > Foliengröße* das Seitenverhältnis Ihrer Präsentation. Falls unbekannt ist, mit welchem Beamer Sie später präsentieren, belassen Sie es bei der Voreinstellung *Breitbild (16:9)*.

Folienmaster erstellen

Der Folienmaster dient zur Erstellung des Grundlayouts Ihrer Präsentation: Schriften, Farben, grafische Elemente, z.B. ein Logo. Durch die Verwendung des Folienmasters stellen Sie sicher, dass die Präsentation ein einheitliches Aussehen erhält.

Masterfolie

1 Klicken Sie auf Menü *Ansicht > Folienmaster* Ⓐ.

2 Der Folienmaster befindet sich im linken Fenster: Scrollen Sie ganz nach oben, um zur Masterfolie Ⓑ zu gelangen.

3 Blenden Sie die Gitternetzlinien Ⓒ und/oder Führungslinien Ⓓ ein, um die Textrahmen ausrichten zu können. Die Führungslinien können Sie mit gedrückter Maustaste verschieben Ⓔ.

4 Löschen Sie die nicht benötigten Textrahmen, hier: Datum und Foliennummer. Klicken Sie hierzu auf den Rahmen und betätigen Sie die Entf-Taste.

5 Formatieren Sie die Schriften auf der Masterfolie, z.B. wie in der Tabelle auf der nächsten Seite angegeben. Den Text in den Rahmen können Sie ändern, er dient nur als Platzhalter.

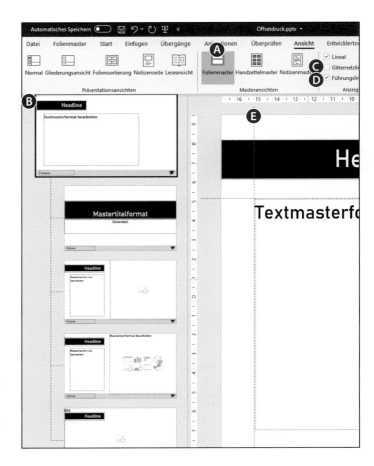

Text	Schrift	Größe	Farbe
Mastertitel	Bahnschrift	36 pt	weiß*
Mastertext	Bahnschrift	28 pt	schwarz
Fußzeile	Bahnschrift	20 pt	weiß

*) Text wird später mit Farbfläche hinterlegt

6 Richten Sie den Text im Mastertitel rechtsbündig aus und platzieren Sie den Rahmen am linken Rand. Geben Sie ihm eine dunkelblaue Hintergrundfarbe (Menü *Formformatierung > Fülleffekt*).

7 Wählen Sie im Menü *Einfügen > Formen* das Rechteck-Symbol und ziehen Sie ein schmales Rechteck für die Fußzeile auf. Platzieren Sie es am unteren Rand

und geben Sie ihm eine hellgraue Farbe. Rechtsklicken Sie auf den Rahmen der Fußzeile und wählen Sie *In den Hintergrund*, damit der Rahmen das Textfeld *Fußzeile* nicht überdeckt.

8 Platzieren Sie das Textfeld *Fußzeile* am linken unteren Rand **F**. Richten Sie den Text im Menü *Start* linksbündig aus.

9 Fügen Sie im Menü *Einfügen > Bilder* die Datei *schullogo.png* (oder Ihr eigenes Logo) ein. Passen Sie dessen Größe an und platzieren Sie es in der Fußzeile rechts **G**.

F Fußzeile **G**

Folienlayouts erstellen

Auf den Unterseiten des Folienmasters nehmen Sie Einstellungen vor, die nur auf den Folien des jeweiligen Layouttyps sichtbar sein sollen.

Layouttyp **A**: Titel und Untertitel

1 Wählen Sie die Schriftgröße für Titel und Untertitel, hier: 60 pt bzw. 32 pt.

2 Löschen Sie die Textrahmen für Datum und Folien- nummer.

Layouttyp **B**: Überschrift, Text und Bild

1 Platzieren Sie den Rahmen des Mastertextes im lin- ken Drittel der Folie.

2 Fügen Sie im Menü *Folienmaster > Platzhalter einfü- gen > Bild* einen Bildrahmen ein. Platzieren Sie ihn so, dass er die restlichen zwei Drittel der Folie überdeckt.

3 Löschen Sie die Rahmen Datum und Foliennummer.

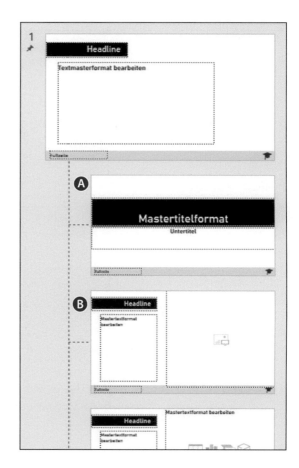

Layouttyp **C**: Überschrift und variabler Inhalt

1 Duplizieren Sie Layouttyp **B**, indem Sie einen Rechtsklick darauf machen und *Layout duplizieren* wählen.

2 Löschen Sie den Bildrahmen. Fügen Sie stattdessen im Menü *Folienmaster > Platzhalter einfügen > Inhalt* einen Rahmen für variable Inhalte ein.

Layouttyp **D**: formatfüllendes Bild

1 Fügen Sie im Menü *Folienmaster > Platzhalter einfügen > Bild* einen Bildrahmen ein. Platzieren Sie ihn so, dass er die gesamte Folie überdeckt.

2 Löschen Sie die nicht benötigten Textrahmen.

3 Löschen Sie in der Folienvorschau am linken Rand alle weiteren nicht benötigten Layouttypen durch Rechtsklick auf die Vorschau und *Layout löschen*.

4 Schließen Sie den Folienmaster im Menü *Folienmaster > Masteransicht beenden*. (Sie können zu einem späteren Zeitpunkt Änderungen am Folienmaster vornehmen.)

5 Speichern Sie die Präsentation im Menü *Datei > Speichern* unter dem Namen *Offsetdruck.pptx* ab.

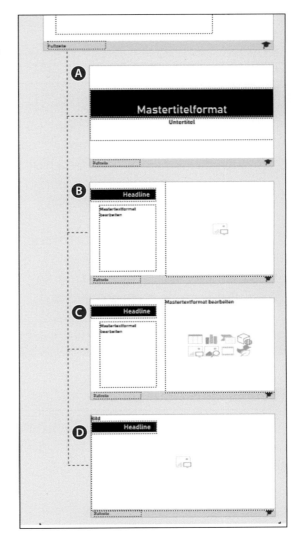

Folien erstellen

Wenn Sie das Layout mit Hilfe des Folienmasters vorbereitet haben, ist das Erstellen der Folien ein Kinderspiel.

Titelfolie

1 Klicken Sie in den Rahmen des Titels und geben Sie als Titel *Offsetdruck* ein.

2 Klicken Sie in den Textrahmen des Untertitels und geben Sie *Referat von Vorname Nachname* ein.

Folien mit Text und Bild

1 Klicken Sie im Menü *Start* auf *Neue Folie*. Wählen Sie Layouttyp **B** mit Text- und Bildrahmen aus.

2 Klicken Sie im Menü *Einfügen > Kopf- und Fußzeile*, setzen Sie das Häkchen bei *Fußzeile* und geben Sie den Titel *Offsetdruck* ein. Bestätigen Sie mit *Für alle übernehmen*. Setzen Sie das Häkchen bei *Auf Titelfolie nicht anzeigen*.

3 Geben Sie den gewünschten Text ein, z. B. wie im Screenshot oben dargestellt.

4 Recherchieren Sie im Internet nach einem geeigneten Bild und laden Sie es herunter[1].

5 Klicken Sie auf das Bild-Icon 🖼, um das Bild einzufügen. Das Bild wird so eingefügt, dass es den Rahmen füllt.

6 Um den Bildausschnitt zu verändern, klicken Sie im Menü *Bildformat* auf *Zuschneiden* **E**. Verschieben Sie das Bild mit gedrückter Maustaste, bis der gewünschte Ausschnitt sichtbar wird. Vergrößern Sie den Bildausschnitt, indem Sie an einer Ecke **F** ziehen. Klicken Sie abschließend nochmals auf *Zuschneiden* **E**.

7 Erstellen Sie eine weitere Folie vom Layouttyp **B** mit Text und Bild. Fügen Sie das Bild *rasterung.png* ein.

---

1 Aus lizenzrechtlichen Gründen dürfen wir keine Bilder von Druckmaschinenherstellern zum Download bereitstellen. Die Hersteller, z. B. die Heidelberger Druckmaschinen AG, stellen aber in der Regel Pressebilder zur Verfügung, die Sie für diese Übung verwenden können (https://www.heidelberg.com/global/de/index.jsp, Zugriff: 12.11.2020).

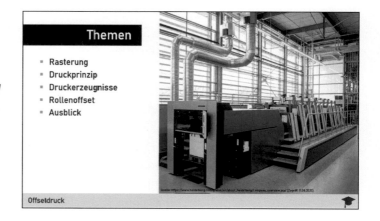

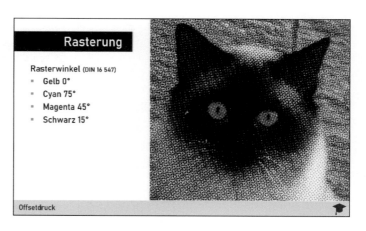

Folien mit Infografik

1 Klicken Sie im Menü *Start* auf *Neue Folie*. Wählen Sie Layouttyp **B** (siehe S. 6). Geben Sie der Folie den Titel *Druckprinzip*.

2 Löschen Sie den Bildrahmen, da die Infografik aus *mehreren* Teilen besteht.

3 Fügen Sie im Menü *Einfügen > Bilder > Dieses Gerät…* die (Teil-)Grafiken ein. Tipp: Wählen Sie die Grafiken mit gedrückter ⇧-Taste aus, um sie alle auf einmal einzufügen.

4 Setzen Sie die Grafik zusammen und ergänzen Sie die Beschriftung.

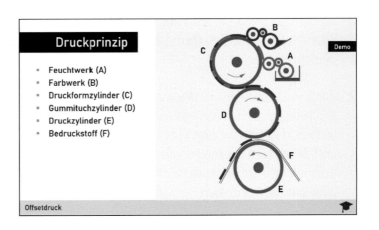

Folien mit Diagramm

1 Klicken Sie im Menü *Start* auf *Neue Folie*. Wählen Sie Layouttyp **C**. Geben Sie der Folie den Titel *Druckerzeugnisse*.

2 Klicken Sie auf das Diagramm-Icon 📊. Wählen Sie als Diagrammtyp *Kreis*.

3 Überschreiben Sie die Daten in der Excel-Tabelle Daten[2] wie im Screenshot dargestellt.

4 Schließen Sie das Fenster zur Dateneingabe – das Diagramm wird automatisch generiert.

5 Wählen Sie im Menü *Diagrammentwurf* das gewünschte Layout Ihres Diagramms. Zusätzlich können Sie auf das Plus-Symbol **A** klicken, um individuelle Bearbeitungsmöglichkeiten zu erhalten.

6 Eine Änderung der Daten ist im Menü *Entwurf > Daten bearbeiten* möglich.

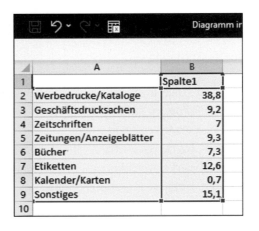

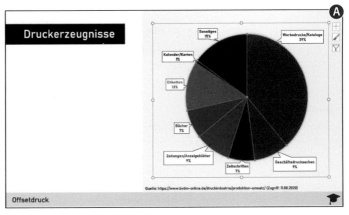

---

2 Quelle: https://www.bvdm-online.de/druckindustrie/produktion-umsatz/ (Zugriff: 12.11.2020)

Folien mit Video

Wie Sie wissen, dürfen Sie Online-Videos, z. B. aus YouTube, nicht downloaden und speichern. Videostreaming, also das direkt Abspielen von Videos, ist hingegen möglich. Voraussetzung ist allerdings, dass Ihr Rechner während der Präsentation mit dem Internet verbunden ist.

1 Öffnen Sie YouTube im Browser und suchen Sie ein Video, das Sie einbetten möchten. Markieren Sie die Internetadresse des Videos und kopieren Sie sie mit der Tastenkombination [STRG][C] (⊞) bzw. [command][C] (⌘) in die Zwischenablage.

2 Wechseln Sie zu Ihrer PowerPoint-Präsentation. Klicken Sie im Menü *Start* auf *Neue Folie*. Wählen Sie Layouttyp **C**.

3 Klicken Sie im Menü *Einfügen* auf *Medien > Video > Onlinevideo* und fügen Sie im Eingabefeld die Internetadresse des Videos mit der Tastenkombination [STRG][V] (⊞) bzw. [command][V] (⌘) ein. Bestätigen Sie mit der [⏎]-Taste.

4 Um das Video zu testen, klicken Sie im Menü *Bildschirmpräsentation* auf *Ab aktueller Folie*.

Folien mit formatfüllendem Bild

Formatfüllende Bilder wirken gut und sind sinnvoll. Der Betrachter wird nicht durch das Lesen von Text abgelenkt.

1 Klicken Sie im Menü *Start* auf *Neue Folie* und wählen Sie Layouttyp **D**.

2 Klicken Sie auf das Bild-Icon ⌑ und fügen Sie das Bild *ausblick.jpg* ein. Es befindet sich in den heruntergeladenen Dateien zum Projekt.

3 Wählen Sie den Bildausschnitt, wie im Abschnitt *Folien mit Text und Bild* unter Schritt 6 beschrieben.

Animationen ergänzen

Animationen eignen sich dazu, die Aufmerksamkeit des Betrachters zu lenken. Sie können dies mit einem Tafelbild vergleichen, das nach und nach entwickelt wird.

Animation des Diagramms

1 Klicken Sie auf den Rahmen der Folie *Druckerzeugnisse*.

2 Wählen Sie im Menü *Animationen* die Animationsart *Erscheinen* **A**.

3 Wählen Sie in den *Effektoptionen* **B** die Option *Nach Kategorie*.

4 Damit die Animation automatisch abläuft, wählen Sie bei *Start* **C** die Option *Nach Vorheriger* und bei *Dauer* **D**, z. B. 0,25 (Sekunden).

5 Testen Sie die Animation durch Anklicken von *Vorschau* **E**.

Animation der Infografik

1 Klicken Sie auf die Grafik *Druckformzylinder* auf der Folie *Druckprinzip*.

2 Wählen Sie im Menü *Animationen* die Animationsart *Rotieren* **F**.

3 Wählen Sie in den *Effektoptionen* **G** die Option *Gegen den Uhrzeigersinn*.

4 Wählen Sie bei *Start* **C** die Option *Beim Klicken* und bei *Dauer* **D** z. B. 5,0 s.

5 Wiederholen Sie Schritt 3 und 4 für die beiden anderen Zylinder. Der mittlere Zylinder muss sich im Uhrzeigersinn drehen.

6 Um die Animation starten zu können, fügen Sie im Menü *Einfügen > Formen >*

Textfeld ein Textfeld ein. Geben Sie als Text *Demo* ein und formatieren Sie das Textfeld **H**.

wählen Sie unter *Trigger* (= Auslöser) **J** das Textfeld aus.

7 Klicken Sie auf die Ziffern **I**, die die Animation kennzeichnen, und

8 Um die Animation zu testen, müssen Sie die Präsentation im Menü *Bildschirmpräsentation* starten.

Handout erstellen

1 Öffnen Sie Menü *Ansicht > Handzettelmaster*.

2 Wählen Sie die gewünschte Anzahl der Folien pro Seite (hier: 3).

3 Geben Sie Zusatzinformationen ein, z. B. *Offsetdruck* in der Kopfzeile, und formatieren Sie die Schrift wie gewünscht.

4 Beenden Sie den Handzettelmaster.

5 Wählen Sie nun Menü *Datei > Drucken*.

6 Klicken Sie auf die Schaltfläche *Ganzseitige Folien* und wählen Sie den Handzettel mit der oben eingestellten Folienanzahl.

7 Drucken Sie die Handzettel aus.

Als PDF exportieren

Nicht immer ist der Computer bekannt, auf dem die Präsentation gezeigt wird – im schlimmsten Fall ist *PowerPoint* nicht installiert. Ein weiteres Problem kann sein, dass die verwendete Schrift fehlt. Es ist deshalb empfehlenswert, dass Sie Ihre Präsentation (zusätzlich) in eine PDF-Datei exportieren.

1 Öffnen Sie Menü *Datei > Als Adobe PDF speichern*.

2 Geben Sie den gewünschten Dateinamen ein und klicken Sie auf *OK*.

3 Öffnen Sie die PDF-Datei im Adobe Reader.

4 Im Menü *Anzeige > Vollbildmodus* wird die PDF-Datei formatfüllend dargestellt.

5 Mit der [ESC]-Taste beenden Sie den Vollbildmodus.

Interaktiver Prospekt

Briefing

Szenario

In der Rubrik Service & Support einer Firmenwebsite kann ein Prospekt als Druckexemplar bestellt werden. Der Prospekt soll auch als interaktives PDF zum Download bereitgestellt werden. Quelldatei ist die InDesign-Datei des Projekts „Prospekt (Dummy)" aus dem Band „Digitalmedienprojekte".

Der Text ist in InDesign mit Platzhaltertext als Blindtext visualisiert, die Bilder sind Dummybilder. Die Textformatierung erfolgt mit Absatz- und Zeichenformaten. Auf der ersten Seite steht ein automatisiert erstelltes Inhaltsverzeichnis als Basis der Verlinkung im Dokument. Weitere Verlinkungen im Text werden als Hyperlinks zu Textankern realisiert.

Das Formular auf der letzten Seite soll in ein interaktives PDF-Formular konvertiert werden. Außerdem wird auf der letzten Seite noch ein externer Hyperlink eingepflegt. Beim PDF-Export automatisch erstellte Lesezeichen und Seitenminiaturen ergänzen die Navigation im Acrobat Reader.

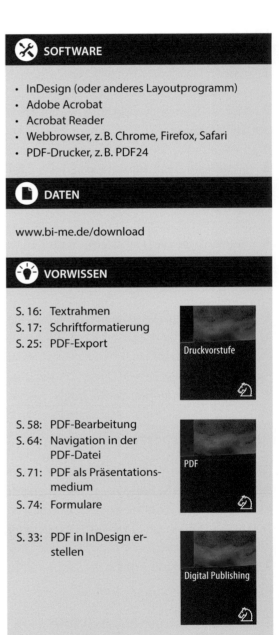

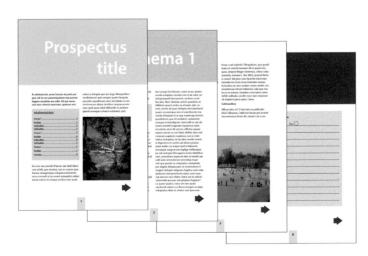

SOFTWARE

- InDesign (oder anderes Layoutprogramm)
- Adobe Acrobat
- Acrobat Reader
- Webbrowser, z. B. Chrome, Firefox, Safari
- PDF-Drucker, z. B. PDF24

DATEN

www.bi-me.de/download

VORWISSEN

Druckvorstufe

PDF

Digital Publishing

© Springer Fachmedien Wiesbaden GmbH, ein Teil von Springer Nature 2021
P. Bühler et al., *Digitalmedien-Projekte*, Bibliothek der Mediengestaltung,
https://doi.org/10.1007/978-3-658-31378-4_2

Technische Angaben

Die InDesign-Datei des Print-Prospekts ist auch die Basis zur Erstellung der interaktiven Version. Wir werden die Verlinkungen in InDesign einrichten und anschließend das Dokument als interaktives PDF exportieren. Das hat die Vorteile, dass das Inhaltsverzeichnis automatisiert verlinkt werden kann und die Dateigröße des PDF wesentlich geringer ist als beim Export als Print-PDF. Die Einbindung multimedialer Elemente erfolgt in Acrobat Pro.

Laden Sie das InDesign-Dokument von der BIME-Projektseite, **www.bi-me.de**, aus dem Ordner „Downloads" herunter.

Planung

Verlinkung

- Interne Verlinkung mit Inhaltsverzeichnis erstellen
- Blättern mittels Pfeile einpflegen
- Externe Verlinkung einrichten

PDF

- Adobe PDF (interaktiv)(*.pdf) exportieren
- Seitenübergänge einstellen

Formular

- Formularfelder erstellen
- Formular speichern

Test

- Verlinkung prüfen
- Formular testen
- Seite vereinzeln

Produktion

Arbeitsbereich einrichten

In InDesign gibt es, je nach Zielmedium, verschiedene Arbeitsbereiche. Zur Erstellung und Bearbeitung eines interaktiven PDF-Dokuments müssen Sie den Arbeitsbereich von *Druckausgabe und Proof* in *Interaktiv für PDF* ändern.

1 Wählen Sie in der Menüleiste den Arbeitsbereich *Interaktiv für PDF* Erstellung und Bearbeitung von Verknüpfungen und Schaltflächen zur aus.

2 Ergänzen Sie den Arbeitsbereich mit den Fenstern *Absatz- und Zeichenformate* **Ⓐ**, um direkt darauf zugreifen zu können.

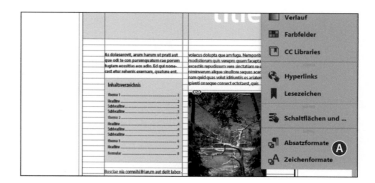

Inhaltsverzeichnis verlinken

Den Überschriften im Prospekt ist jeweils ein eigenes Absatzformat zugewiesen. Die Verlinkung der Überschriften im Inhaltsverzeichnis mit den zugehörigen Inhalten wird durch diese Absatzformate gesteuert.

1 Markieren Sie mit dem Cursor eine Zeile im Inhaltsverzeichnis **A**.

2 Wählen Sie im Kontextmenü (rechte Maustaste) *Hyperlinks > Gehe zu Ziel* **B**.

3 Verlinken Sie in gleicher Weise das gesamte Inhaltsverzeichnis.

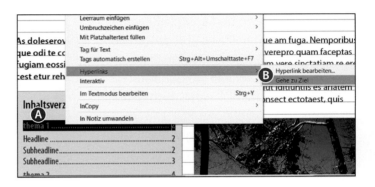

Schaltflächen zum Blättern erstellen

Die Schaltflächen erstellen Sie auf den Musterseiten. Dadurch stehen die Schaltflächen auf allen Seiten zur Verfügung.

1 Wählen Sie im Fenster *Seiten* die Musterseiten aus.

2 Öffnen Sie unter Menü *Fenster > Beispielschaltflächen und -formulare* **C**.

3 Ziehen Sie mit gedrückter Maustaste die Pfeile **D** auf die Musterseiten.

4 Positionieren Sie die Pfeile.

5 Lösen Sie auf der ersten Seite die Schaltfläche *Gehe zu vorheriger Seite* von der Musterseite. Zur Auswahl klicken Sie auf die Schaltfläche bei gleichzeitig gedrückten Tasten STRG ⇧ (⊞) bzw. command ⇧ (🍎).

6 Löschen Sie auf der ersten Seite den Pfeil *Gehe zu vorheriger Seite*.

7 Die Aktion der Schaltfläche *Gehe zu nächster Seite* **E** ändern Sie auf der letzten Seite in *Gehe zu erster Seite*. Fügen Sie mit "+" **F** die Aktion *Gehe zu erster Seite* **G** hinzu und deaktivieren Sie die Aktion *Gehe zu nächster Seite* **H**.

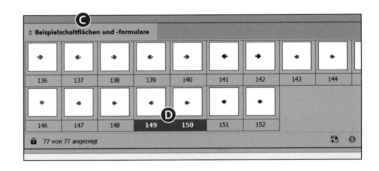

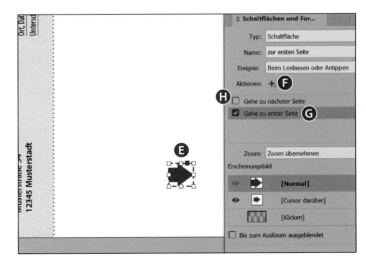

Seitenzahl zentrieren

Die Seitenzahlen sollen horizontal auf die Satzspiegelmitte ausgerichtet werden.

1 Wählen Sie im Fenster *Seiten* die Musterseiten aus.

2 Positionieren Sie die Seitenzahlen neu .

Formular modifizieren

In der interaktiven PDF-Version soll das Formular online im Browser ausfüllbar sein. Dazu muss die Formularseite modifiziert werden.

1 Gehen Sie in InDesign auf die Formularseite.

2 Drehen Sie den Formulartextrahmen um 90° im Uhrzeigersinn.

3 Modifizieren Sie den Titelbereich und das Formular.

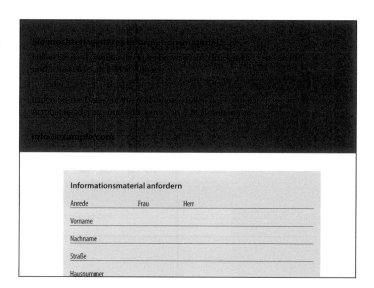

InDesign-Dokument exportieren

1 Exportieren Sie das InDesign-Dokument unter Menü *Datei > Exportieren... > als Adobe PDF (interaktiv)(*.pdf)*.

2 Im Fenster *Als interaktive PDF exportieren* wählen Sie folgende Optionen:
- *Seiten > Alle* **B**
- *Anzeige > Präsentation > Nach Export anzeigen* **C**
- Seitenübergänge: *Blenden* **D**
- *Optionen > Formulare und Medien > Alles einschließen* **E**
- Belassen Sie die übrigen Einstellungen.

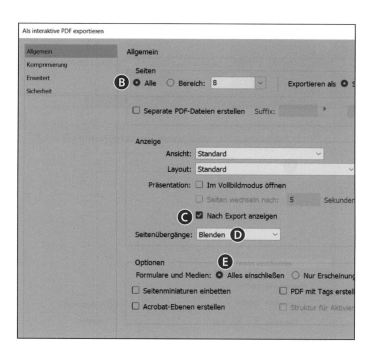

Im Acrobat Reader testen

1 Öffnen Sie das PDF im Acrobat Reader.

2 Testen Sie die Funktionalität des interaktiven PDF-Dokuments. Auftretende Fehler beheben Sie in der InDesign-Quelldatei oder in Acrobat Pro.

3 Drucken Sie das Formular (Seite 8) **A** als PDF, z.B. mit dem kostenlosen PDF-Drucker PDF24 **B**, den Sie unter **https://de.pdf24.org** kostenlos für Windows und macOS herunterladen können.

4 Speichern Sie die Datei.

Seiten in Acrobat Pro entnehmen

In Acrobat Pro können Sie Seiten direkt aus einem PDF-Dokument entnehmen und als eigene Datei abspeichern.

1 Öffnen Sie das PDF in Acrobat Pro.

2 Öffnen Sie das Fenster *Seitenminiaturen* **C**.

3 Wählen Sie die *Formularseite* **D** aus und im Kontextmenü der ausgewählten Seitenminiatur mit der rechten Maustaste die Option *Seiten entnehmen...* **E**.

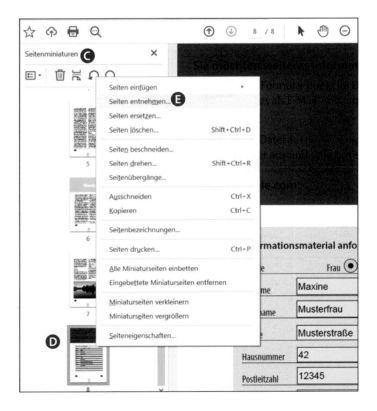

Finale Version mit allen 8 Seiten

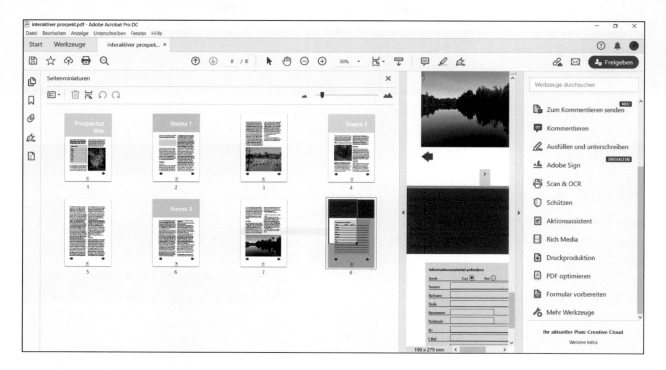

Animierte Infografik

Briefing

Szenario

Die Ergebnisse der Wahl zum Europäischen Parlament sollen in einer Webinfografik visualisiert werden. Die Namen der Parteien mit den zugehörigen prozentualen Stimmenanteilen werden in einem horizontalen Balkendiagramm dargestellt.

In der Legende wird die Altersstruktur der Wählerinnen und Wähler aufgeführt. Als Datenbasis dient die repräsentative Europawahlstatistik. Sie können die Daten aus der Datenbank des statistischen Bundesamts unter **https://www-genesis.destatis.de** herunterladen.

Beim Laden der Webseite im Browser werden die Balken des Diagramms und die Farbfelder der Legende langsam von links nach rechts aufgebaut. Die Infografik ist als Baustein zur Darstellung in einer Webseite auf Tablet oder Monitor konzipiert. Die Umsetzung erfolgt als responsive Webseite mit HTML5, CSS3 und SVG-Grafik.

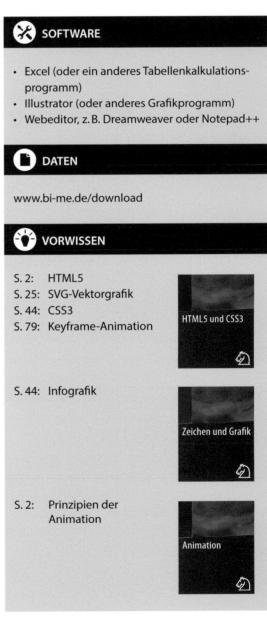

SOFTWARE

- Excel (oder ein anderes Tabellenkalkulationsprogramm)
- Illustrator (oder anderes Grafikprogramm)
- Webeditor, z. B. Dreamweaver oder Notepad++

DATEN

www.bi-me.de/download

VORWISSEN

S. 2:   HTML5
S. 25: SVG-Vektorgrafik
S. 44: CSS3
S. 79: Keyframe-Animation

HTML5 und CSS3

S. 44: Infografik

Zeichen und Grafik

S. 2:   Prinzipien der Animation

Animation

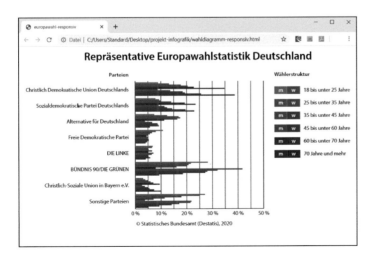

Repräsentative Europawahlstatistik Deutschland

© Statistisches Bundesamt (Destatis), 2020

© Springer Fachmedien Wiesbaden GmbH, ein Teil von Springer Nature 2021
P. Bühler et al., *Digitalmedien-Projekte*, Bibliothek der Mediengestaltung,
https://doi.org/10.1007/978-3-658-31378-4_3

Technische Angaben

Datentabelle

Download der Datenbasis aus der Datenbank des statistischen Bundesamts **https://www-genesis.destatis.de** als Excel-Tabelle, XLSX 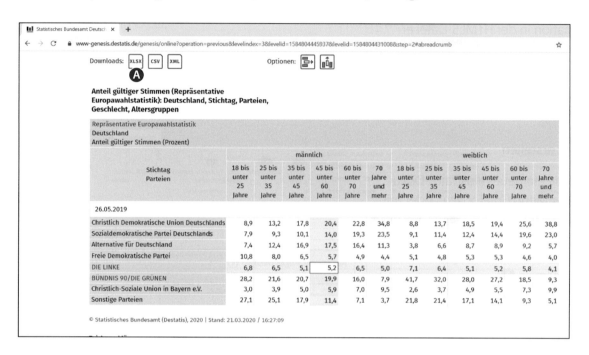.

Anteil gültiger Stimmen (Repräsentative Europawahlstatistik): Deutschland, Stichtag, Parteien, Geschlecht, Altersgruppen

Repräsentative Europawahlstatistik
Deutschland
Anteil gültiger Stimmen (Prozent)

Stichtag Parteien	männlich						weiblich					
	18 bis unter 25 Jahre	25 bis unter 35 Jahre	35 bis unter 45 Jahre	45 bis unter 60 Jahre	60 bis unter 70 Jahre	70 Jahre und mehr	18 bis unter 25 Jahre	25 bis unter 35 Jahre	35 bis unter 45 Jahre	45 bis unter 60 Jahre	60 bis unter 70 Jahre	70 Jahre und mehr
26.05.2019												
Christlich Demokratische Union Deutschlands	8,9	13,2	17,8	20,4	22,8	34,8	8,8	13,7	18,5	19,4	25,6	38,8
Sozialdemokratische Partei Deutschlands	7,9	9,3	10,1	14,0	19,3	23,5	9,1	11,4	12,4	14,4	19,6	23,0
Alternative für Deutschland	7,4	12,4	16,9	17,5	16,4	11,3	3,8	6,6	8,7	8,9	9,2	5,7
Freie Demokratische Partei	10,8	8,0	6,5	5,7	4,9	4,4	5,1	4,8	5,3	5,3	4,6	4,0
DIE LINKE	6,8	6,5	5,1	5,2	6,5	5,0	7,1	6,4	5,1	5,2	5,8	4,1
BÜNDNIS 90/DIE GRÜNEN	28,2	21,6	20,7	19,9	16,0	7,9	41,7	32,0	28,0	27,2	18,5	9,3
Christlich-Soziale Union in Bayern e.V.	3,0	3,9	5,0	5,9	7,0	9,5	2,6	3,7	4,9	5,5	7,3	9,9
Sonstige Parteien	27,1	25,1	17,9	11,4	7,1	3,7	21,8	21,4	17,1	14,1	9,3	5,1

© Statistisches Bundesamt (Destatis), 2020 | Stand: 21.03.2020 / 16:27:09

Grafikformat

Da es eine große Vielzahl an mobilen Endgeräten und Monitoren gibt, müssen sich heutige Webauftritte an die unterschiedlichen Formate und Displaygrößen automatisch anpassen – man spricht von *responsive Webdesign* (response, dt. Antwort). Es ist deshalb sinnvoll, die Infografik als Vektorgrafik im Dateiformat SVG zu erstellen.

Planung

Datentabelle

- Daten herunterladen
- Tabelle in Excel öffnen

Daten

- Texte analysieren
- Zahlen analysieren

Infografik

- Illustrator-Dokument anlegen
- Diagramm als Balkendiagramm erstellen

- Ausgewählte Daten aus der Excel-Tabelle in die Zwischenablage kopieren
- Daten in die Diagrammdatentabelle einsetzen
- Diagramm konfigurieren
- Diagramm: Gruppierung auflösen
- Diagramm gestalten

SVG

- Diagramm in Illustrator auswählen
- Auswahl als SVG exportieren

Diagramm bearbeiten

Nach der Bestätigung der Dateneingabe wird das Diagramm automatisch erstellt. Die Prozentwerte sind als gruppierte horizontale Balken dargestellt. Links davon stehen den Gruppen zugeordnet die Parteien, und die Altersgruppen sind Teil der Legende. Die Grautöne der zugehörigen Rechtecke entsprechen den Grautönen der Balken.

Im ersten Schritt wurden jetzt die Daten aus der Datentabelle korrekt in ein Diagramm umgesetzt. Im nächsten Schritt müssen Sie das Diagramm konfigurieren.

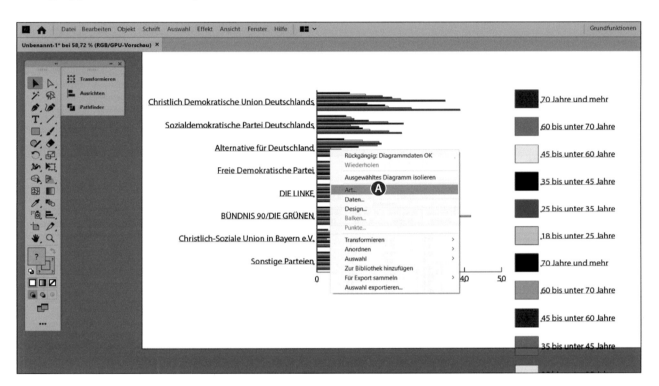

1   Schließen Sie die Datentabelle.

2   Öffnen Sie mit der rechten Maustaste im Kontextmenü des ausgewählten Diagramms die Option *Art...* **A**.

3   Geben Sie die Einstellungen der *Diagrammoptionen* **B** entsprechend den Vorgaben aus dem Screenshot ein.

4   Bestätigen Sei Ihre Eingaben mit *OK* **C**.

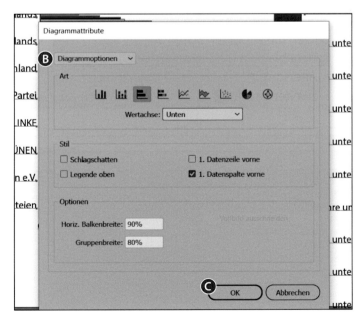

Diagramm gestalten

1 Modifizieren Sie zunächst die automatisch erstellten Tonwerte der Balken. Wählen Sie dazu die Balken einzeln mit dem *Direktauswahl-Werkzeug* **A** aus.

2 Nehmen Sie die Einstellungen im Fenster *Farbe* **B** vor. Die Bindung an die Diagrammdaten bleibt erhalten.
Farbwerte:
- R 0, G 255, B 255
- R 0, G 204, B 255
- R 0, G 153, B 255
- R 0, G 102, B 255
- R 0, G 51, B 255
- R 255, G 0, B 255
- R 255, G 0, B 204
- R 255, G 0, B 153
- R 255, G 0, B 102
- R 255, G 0, B 51
- R 255 ,G 0, B 0

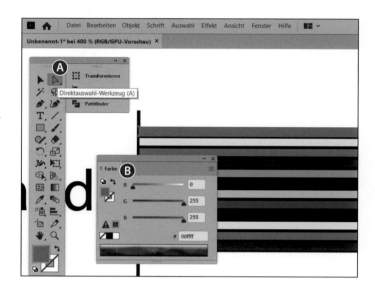

Das Diagramm ist in mehrere Bereiche gruppiert. Zur weiteren Gestaltung müssen Sie die Gruppierungen aufheben.

3 Wählen Sie das Diagramm aus und heben Sie die Gruppierung unter Menü *Objekt > Gruppierung aufheben* auf ⇧ STRG G (⊞) bzw. ⇧ command G (⌘).

4 Gestalten Sie die Farbfelder der Legende und die typografischen Elemente des Diagramms.

5 Erstellen Sie ein weißes Rechteck als Hintergrund des Diagramms.

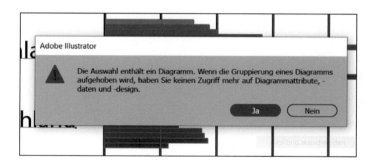

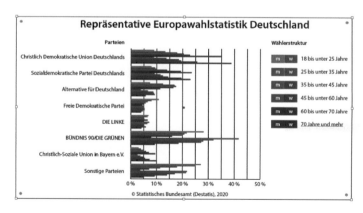

Diagramm als SVG exportieren

1 Wählen Sie das Diagramm zusammen mit dem Hintergrund in Illustrator aus.

2 Exportieren Sie die Auswahl unter Menü *Datei > Exportieren > Exportieren als...*

3 Speichern Sie die Datei als Dateityp SVG **A** und bestätigen Sie den Export mit *Exportieren* **B**.

4 Machen Sie die Einstellungen entsprechend den Vorgaben im Screenshot der SVG-Optionen **C**. Beurteilen Sie vor dem Export die Vorschau.
- Mit *Code anzeigen* **D** öffnen Sie den Programmcode in einem Webeditor.
- Dieser Button **E** öffnet die SVG-Preview im Browser.

5 Schließen Sie den Export mit *OK* **F** ab.

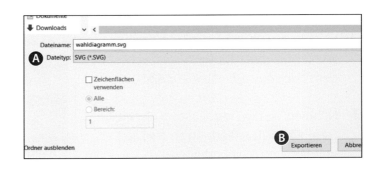

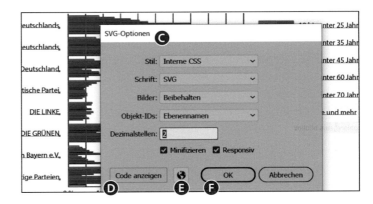

SVG in HTML5-Datei einsetzen

1 Öffnen Sie die SVG-Datei im Editor.

2 Erstellen Sie eine leere HTML5-Datei.

3 Kopieren Sie den SVG-Code und setzen Sie ihn in den \<body>-Bereich der HTML5-Datei ein **G**.

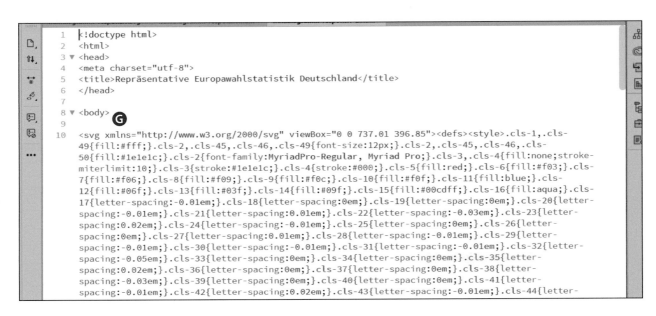

CSS-Animation in HTML5-Datei einfügen

1 Erstellen Sie eine Keyframe-Animation, um die Balken und die zugehörigen Farbfelder der Legende zu animieren. Die Elemente sollen sich langsam von links nach rechts von null bis zum Endformat vergrößern.

2 Fügen Sie die Animation unterhalb des SVG-Codes in den HTML5-Code ein. In unserem Beispiel die Zeilen 11 bis 27 **A**.

```
     x="195.07" y="0">op</tspan><tspan class="cls-17" x="222.65" y="0">a</tspan><tspan class="cls-24"
     x="234.6" y="0">w</tspan><tspan class="cls-26" x="252.43" y="0">ahlst</tspan><tspan class="cls-24"
     x="302.95" y="0">a</tspan><tspan x="315" y="0">tistik Deutschland </tspan></text></g></svg>
11 ▼ <style>
12 ▼          .cls-2, .cls-3, .cls-4, .cls-5, .cls-6, .cls-7, .cls-8, .cls-9, .cls-10, .cls-11, .cls-12,
             .cls-13, .cls-14, .cls-15, .cls-16 {
13 Ⓐ        animation-name:wachsen;
14           animation-duration:6s;
15           animation-iteration-count:1;
16           animation-timing-function:linear;
17           animation-direction:alternate;
18        }
19
20        @keyframes wachsen {
21 ▼      0% {
22            width:0;
23        }
24 ▼      100% {
25            width:100;
26        }
27 </style>
28
29 </body>
30 </html>
```

HTML5-Datei im Browser öffnen – Browsertest

Öffnen Sie die HTML-Datei in unterschiedlichen Browsern und auf verschiedenen Endgeräten, um die Darstellung und Responsibiltät zu testen.

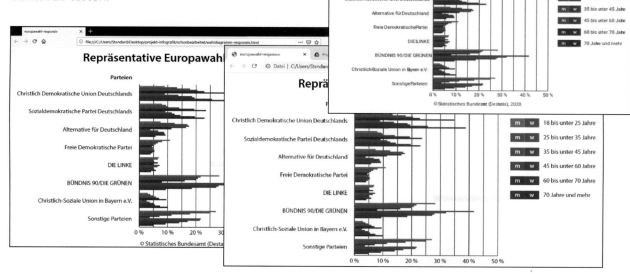

Animation

Briefing

Szenario

Bewegte Bilder generieren eine höhere Aufmerksamkeit als ein Standbild. In diesem Projekt wird eine animierte Werbeanzeige für einen Ökostromanbieter realisiert.

Das Projekt wird im Programm Animate realisiert. Als Animationstechniken werden Schlüsselbild-Animation, Pfadanimation und Morphing eingesetzt. Auch eine verschachtelte Animation kommt zum Einsatz. Die animierte Werbeanzeige wird für eine Social-Media-Website konzipiert.

SOFTWARE

- Animate (oder anderes Animationsprogramm)
- Sketch (oder anderes Programm zum Erstellen eines Storyboards)
- Webbrowser, z.B. Chrome, Firefox, Safari

DATEN

www.bi-me.de/download

VORWISSEN

S. 16: Einführung
S. 18: Animate-Projekte
S. 30: Animationen

Ein Storyboard zur Umsetzung liegt vor. Die Grafiken und das Logo wurden in Illustrator erstellt und werden als .eps-Datei nach Animate importiert.

Technische Angaben

Die Animation wird im Portrait-Format in der Größe 1250 x 1080 Pixel realisiert. Die Umsetzung erfolgt als HTML5 Canvas. Beim HTML-Element `<canvas>` („Leinwand") werden mit Hilfe von Skripten Animationen, Grafiken oder Bilder dargestellt.

Storyboard

1 Logo erscheint durch Vergrößerung auf der Bühne.

2 Sonne und Gras werden eingeblendet.

3 Die Sonne verändert leicht die Größe (in Endlosschleife).

4 Windrad wird eingeblendet.

5 Windrad rotiert gleichmäßig.

6 Ein Vogel fliegt an einem Pfad durchs Bild.

Planung

Konzeption

- Daten herunterladen
- Dateien sichten
- Storyboard lesen

Animation

- Animationsdatei anlegen
- Animation gemäß Storyboard umsetzen

Produktion

Datei erstellen

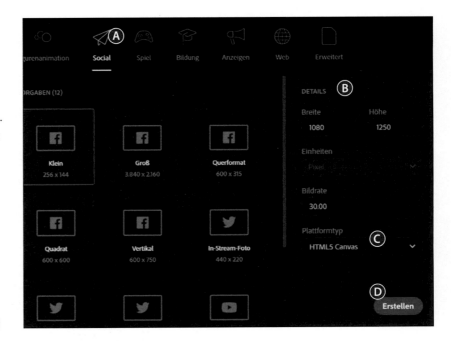

1 Legen Sie über *Datei > Neu...* ein neues Projekt an. Wählen Sie den Reiter *Social* aus **A**.

2 Legen Sie folgende Details **B** für die Bühne fest:
- Breite: 1080 (px)
- Höhe: 1250 (px)
- Bildrate: 30.00 (BpS)

Mit 30 Bildern pro Sekunde erreichen Sie flüssige Bewegungen, ohne dass die Datei zu groß wird.

3 Wählen Sie als *Plattformtyp* die Option *HTML5 Canvas* **C** aus.

4 Beenden Sie die Voreinstellungen mit *Erstellen* **D**.

Hintergrund erstellen

1 Erstellen Sie mit dem *Rechteck-Werkzeug* ▣ ein Rechteck in der Größe der Bühne.

2 Wählen Sie im Fenster *Farbe* als Flächenfarbe *Linearer Farbverlauf* **A** aus.

3 Wählen Sie als Farben *#FFFFFF* **B** und *#DEE9F4* **C** aus.

4 Verschieben Sie die linke Farbe etwas nach rechts **D**.

5 Drehen Sie mit dem Werkzeug *Frei Transformieren* ▤ um 90° nach links.

6 Passen Sie im Fenster *Eigenschaften* Position und Größe an die Bühne an. Achten Sie darauf, dass die Größe den Bühnenmaßen entspricht **E** und die x- und y-Position *0* ist **F**.

Objekte importieren

Sie können einfache Grafiken und Texte auch direkt in Animate erstellen. Der Funktionsumfang ist allerdings begrenzt. In diesem Projekt importieren Sie nun in Illustrator erstellte Grafiken im Format .ai.

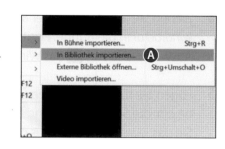

1 Wählen Sie im Menü *Datei > Importieren > In Bibliothek importieren…* **Ⓐ**.

2 Wählen Sie die Datei *gras.ai* aus.

3 Wählen Sie im folgenden Dialogfeld unter *Ebenen umwandeln in:* die Option *Einzelne Animate-Ebene* **Ⓑ** und bestätigen Sie mit *Importieren* **Ⓒ**.

4 Importieren Sie außerdem auch mit der Option *Einzelne Animate-Ebene* **Ⓑ** die Grafiken:
  * logo.ai
  * sonne.ai
  * vogel.ai
  * windrad.ai

5 Speichern Sie Ihre Animate-Datei unter dem Namen *animation-breen.fla* ab.

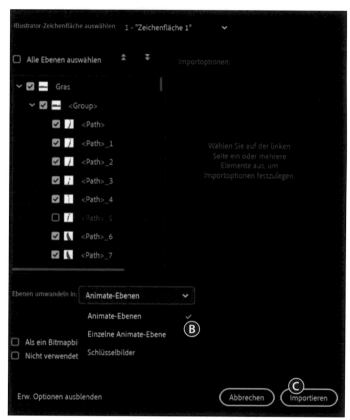

Animation erstellen

Objekte positionieren

1 Benennen Sie die *Ebene 1* in *Himmel* **Ⓐ** um, indem Sie im Fenster *Zeitleiste* auf den Namen der Ebene doppelklicken.

2 Sperren Sie die Ebene *Himmel* durch Klick in der Spalte mit dem Schloss **Ⓑ**.

3 Fügen Sie eine neue Ebene ein, indem Sie auf + **Ⓒ** klicken. Geben Sie der neuen Ebene den Namen *Windrad*.

Website (Mockup)

Briefing

Szenario

Eine Webseite soll über unser Sonnensystem informieren. Die Startseite zeigt die acht Planeten des Sonnensystems in korrekter Reihenfolge. Durch Tippen auf einen Planeten lassen sich die wichtigsten Informationen über den gewählten Planeten abrufen.

Die Webseite wird für die Betrachtung auf dem Tablet konzipiert. Zur Präsentation beim Auftraggeber wird sie zunächst als sogenanntes Mockup (digitaler Prototyp) erstellt. Das Mockup zeigt das Screendesign und enthält funktionierende Links auf die Unterseiten. Die Umsetzung als responsive Webseite mit HTML5 bzw. CSS3 ist in diesem Projekt nicht vorgesehen.

SOFTWARE

- Photoshop
- Illustrator
- Office-Software, z. B. Word, Excel
- Webbrowser, z. B. Chrome, Firefox, Safari

DATEN

www.bi-me.de/download

VORWISSEN

S. 46: Digitale Endgeräte
S. 52: Scribbles
S. 53: Wireframes
S. 64: Bildschirmtypografie

Webdesign

Technische Angaben

Da es eine große Vielzahl an mobilen Endgeräten gibt, müssen sich heutige Webauftritte an die unterschiedlichen Formate und Displaygrößen automatisch anpassen – man spricht von *responsive Webdesign* (response, dt. Antwort). Hierfür sind gute HTML5- und CSS3-Kenntnisse erforderlich.

In diesem Projekt geht es um die Erstellung einer Demoversion, die als *Mockup* oder auch als *digitaler Prototyp* bezeichnet wird. Ein Mockup kann beim Auftraggeber präsentiert und mit diesem besprochen werden, bevor die eigentliche (responsive) Umsetzung der Website erfolgt.

Da im Bildungsbereich iPads die größte Verbreitung haben, orientieren wir uns für die Erstellung des Mockups an den technischen Daten des iPads (Modell 2020).

Technische Daten (iPad)

- Displaygröße: 10,2" (ca. 26 cm)
- Seitenverhältnis: 4:3
- Auflösung (px): 2.160 x 1.620
- Auflösung (ppi): 216
- Ausrichtung: (meistens) quer

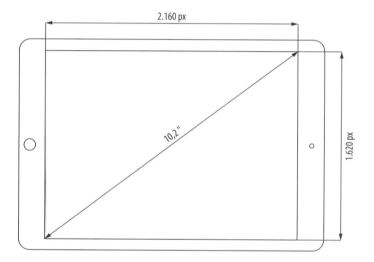

Planung

Entwurf

- Dateien sichten
- Scribbles erstellen
- Wireframe entwickeln

Screendesign

- Photoshop-Datei anlegen
- Gestaltungsraster anlegen
- Bilder und Texte für Startseite (Homepage) platzieren
- Ebenenordner für Unterseiten anlegen
- Bilder und Texte für Unterseiten platzieren

Webseiten

- Screens mit Hilfe von Slices in Photoshop verlinken
- HTML5-Dateien generieren
- Mockup im Webbrowser testen

Produktion

Entwürfe erstellen

1 Laden Sie die Arbeitsdateien zum Projekt herunter und sichten Sie diese.

2 Zeichnen Sie auf mehreren leeren DIN-A4-Seiten ein Rechteck mit den Maßen 21 x 16 cm auf. Dieses Format entspricht der Größe des iPad-Displays.

3 Entwerfen Sie die Startseite (Homepage) als sogenanntes *Wireframe* (dt. Drahtgittermodell). Ein Wireframe dient zur Veranschaulichung des Layouts:
- Visualisieren Sie Bilder oder Farbflächen mit Rechtecken. Noch anschaulicher ist es, wenn Sie die Bilder scribbeln.
- Stellen Sie Text in Form von dicken Linien dar.
- Links zwischen den Screens können mit Hilfe von Pfeilen dargestellt werden.

4 Entwerfen Sie eine Planeten-Unterseite als Wireframe.

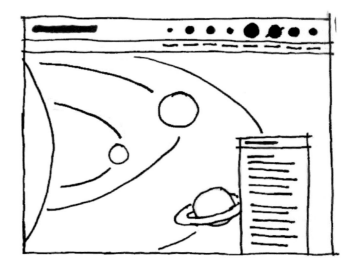

Startseite in Photoshop umsetzen

Da die meisten Monitore eine geringere Auflösung als das iPad (2.160 x 1.620 Pixel) haben, kann dieses Format nicht komplett auf dem Bildschirm dargestellt werden. Da bei diesem Projekt lediglich ein Mockup entstehen soll, halbieren wir die Breite und Höhe (1.080 x 810 Pixel). Dies erleichtert die Beurteilung der Darstellung auf Monitoren.

1 Erstellen Sie in Photoshop unter Menü *Datei > Neu* eine neue Datei.

2 Geben Sie die oben genannten Maße unter Breite **A** und Höhe **B** in Pixel ein. Wählen Sie das Querformat **C**.

3 Legen Sie im Menü *Ansicht > Neues Hilfs-linienlayout* ein Gestaltungsraster an. Es dient dazu, dass alle Screens ein einheit-liches Layout erhalten.
- Spalten **A**
- Zeilen **B**
- Rand **C**

Tipp: Das Hilfslinienlayout können Sie im *Menü Ansicht > Extras* oder mit der Tasten-kombination [STRG] [H] (⊞) bzw. [command] [H] (⌘) ein- bzw. ausblenden.

4 Fügen Sie im Menü *Datei > Platzieren und einbetten...* die Datei *sternenhimmel.jpg* ein. Vergrößern Sie das Foto, so dass es die gesamte Fläche überdeckt.

5 Ziehen Sie mit Hilfe des Rechteck-Werk-zeugs ▭, die Flächen für die Naviga-tionsleiste **D** und für das Textfeld **E** auf. Passen Sie die Rechtecke im Menü *Fenster > Eigenschaften* an Ihr Layout an:
- Breite **F**
- Höhe **G**
- Farbe **H**

Screendesign der Homepage

Das Hilfslinienlayout dient dazu, die einzelnen Kompo-nenten, z. B. die Grafiken und Texte der Navigation, einheit-lich zu platzieren.

6 Ziehen Sie mit Hilfe des Textwerkzeugs T. einen Rahmen für die Headline auf und geben Sie den Text *Unsere Planeten* ein. Formatieren Sie den Text: Schriftart, Schriftgröße, Farbe. Im Beispiel wurde die Schrift *Segoe UI Semilight* in der Größe 35 pt gewählt.

7 Wiederholen Sie Schritt 6 zur Beschriftung der Navigationsleiste mit den Planetennamen. Platzieren Sie den Text einheitlich im Hilfslinienlayout (vgl. Screenshot auf vorheriger Seite).

8 Platzieren Sie den Einführungstext *Unser Sonnensystem*:
- Ziehen Sie einen leeren Textrahmen auf der Fläche **E** auf, die Sie für den Einführungstext vorgesehen haben.
- Öffnen Sie die Datei *planeten.docx* in Word und kopieren Sie den Text in die Zwischenablage mit ⌷STRG⌷ ⌷C⌷ (⊞) bzw. ⌷command⌷ ⌷C⌷ (⌘).
- Fügen Sie den Text in den leeren Textrahmen in Photoshop mit ⌷STRG⌷ ⌷V⌷ (⊞) bzw. ⌷command⌷ ⌷V⌷ (⌘) ein.
- Formatieren Sie die Schrift.

9 Fügen Sie im Menü *Datei > Platzieren und einbetten…* die Fotos der Planeten und der Sonne ein. Skalieren Sie die Bilder und platzieren Sie sie wie gewünscht.

10 Ziehen Sie – falls gewünscht – mit Hilfe des Ellipsen-Werkzeugs ⬭. die Planetenbahnen auf. Passen Sie die Farbe und Stärke der Kontur im Menü *Fenster > Eigenschaften* an.

11 Platzieren Sie die Planetengrafiken:
- Öffnen Sie die Grafik *planeten.ai* in Illustrator.
- Kopieren Sie den ersten Planeten (Merkur) in die Zwischenablage.

- Wechseln Sie zu Photoshop und fügen Sie die Kopie als *Smartobjekt* ein. Skalieren Sie die Grafik und platzieren Sie sie in der Navigationsleiste.
- Wiederholen Sie diese Vorgehensweise für die restlichen Planeten.

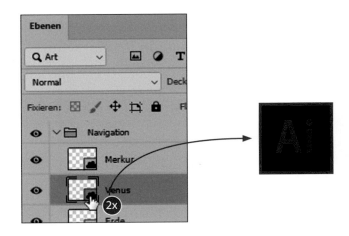

Tipp: Smartobjekte können auch später noch im Originalprogramm bearbeitet werden. Doppelklicken Sie hierzu auf das Icon in der Ebenenpalette.

12 Ordnen Sie die Photoshop-Ebenen:
- Legen Sie im Menü *Fenster > Ebenen* einen Ordner an **A** und benennen Sie ihn *Navigation* **B**.
- Ziehen Sie nun mit gedrückter Maustaste alle Ebenen in diesen Ordner, die zur Navigation gehören.
- Verschieben Sie die restlichen Ebenen in einen neuen Ordner *Startseite* **C**.

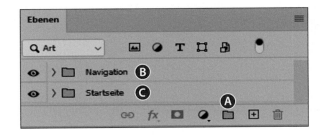

Unterseiten in Photoshop umsetzen

Die Unterseiten lassen sich relativ schnell erstellen, indem nur die Elemente ausgetauscht werden, die sich ändern. Die Navigationsleiste, der Hintergrund sowie die Rahmen für die Texte bleiben auf allen Seiten gleich.

1 Duplizieren Sie den Ordner *Startseite*, indem Sie ihn mit gedrückter Maustaste auf das Icon **A** ziehen.

2 Doppelklicken Sie auf den kopierten Ordner und nennen Sie ihn *Erde* **B**.

3 Blenden Sie nun den Ordner *Startseite* aus **C**.

4 Klappen Sie den Ordner *Erde* auf:
- Löschen Sie alle Ebenen, die Sie auf dieser Unterseite nicht benötigen.
- Platzieren Sie das Foto der Erde in vergrößerter Darstellung **D**.
- Ändern Sie den Text *Sonnensystem* in *Erde* **E**.
- Öffnen Sie die Datei *daten.xlxs* in Excel und fügen Sie die Informationen über die Erde in das Textfeld ein **F**.
- Formatieren Sie die Schrift.

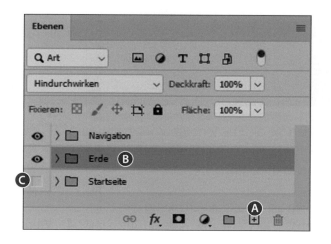

5 Duplizieren Sie den Ordner *Erde* insgesamt sieben Mal für die Unterseiten der weiteren Planeten. Tauschen Sie jeweils das Foto sowie den Text aus.

6 Speichern Sie Ihr fertiges Layout ab.

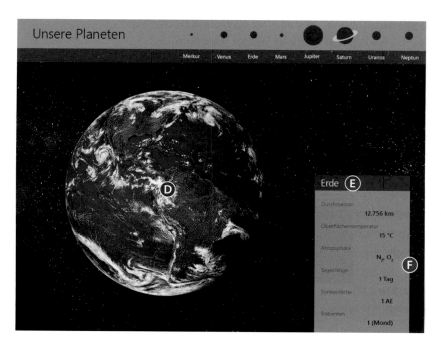

Screendesign der Unterseite „Erde"

Zur Erstellung der Unterseiten brauchen nur die Fotos sowie der Text ausgetauscht zu werden – die übrigen Elemente (Navigation, Textfeld, Hintergrund) sind bereits vorhanden.

Planung

Download

- Unter www.bi-me.de/download die Daten herunterladen

HTML5

- Semantische Struktur festlegen
- Logo und Introtext einbinden
- Formular anlegen
- Formularfelder mit Beschriftung erstellen
- Button anlegen

Webfont

- Webfont auswählen
- Schrift über HTML5/CSS3 zuweisen

CSS3

- Layout mit Grid erstellen
- Elemente platzieren
- Texte typografisch gestalten
- Formularfelder gestalten

Upload und Test

- Website ins Internet laden
- Website mit verschiedenen Endgeräten testen
- Anpassungen im Layout vornehmen

Produktion

HTML5-Datei

1 Legen Sie einen Projektordner mit den zwei Unterordnern *styles* und *images* an.

2 Laden Sie das Logo *pizzeria-da-angelo_logo.svg* herunter und speichern Sie es im Ordner *images*.

Semantische Struktur festlegen

1 Öffnen Sie Ihren HTML-Editor und erzeugen Sie eine neue HTML5-Datei.

2 Geben Sie als semantische Struktur die Tags `<header>` **A** und `<main>` **B** ein.

3 Binden Sie mit `<link>` die (noch zu erstellende CSS-Datei *layout.css* ein **C**.

Semantische Struktur (pizzabestellung.html)

```
1    <!doctype html>
2  ▼ <html>
3  ▼ <head>
4    <meta charset="utf-8">
5    <title>Pizzabestellung</title>         D
6    <link href="styles/layout.css" rel="stylesheet"   C
     type="text/css">
7    </head>
8  ▼ <body>
9    <header>
10   </header>                                A
11   <main>
12   </main>                                  B
13   </body>
14   </html>
```

4 Fügen Sie als Titel der Seite *Pizzabestellung* in `<title>` ein **D**.

5 Speichern Sie Ihre HTML-Datei unter dem Namen *pizzabestellung.html* ab.

Content eingeben

1 Erstellen Sie im `<header>` einen DIV-Container mit der Klasse *logo* **A**.

2 Verknüpfen Sie im `<div>` das Logo *pizzeria-da-angelo_logo.svg* über das Tag `<img>` **B**. Definieren Sie als Breite des Logos *400 px*. Fügen Sie das Attribut `alt` ein und geben Sie eine Beschreibung für das Bild ein.

3 Fügen Sie ein Paragraph-Tag `<p>` mit der Klasse *intro* ein **C**.

4 Kopieren Sie nun den Text aus der Datei *Text_Pizzabestellung.txt* in den `<p>`-Tag und formatieren Sie den Text, indem Sie mit dem `<strong>`-Tag Passagen fett auszeichnen und Umbrüche über `<br>` erzeugen **D**.

5 Erstellen Sie im `<main>`-Tag das Formular `bestellung` **E** zur Eingabe der Bestelldaten.

6 Erstellen Sie zwei Radiobuttons **F** zur Auswahl, ob eine Abholung oder Lieferung erfolgen soll.
- Vergeben Sie beiden Radiobuttons *denselben* Namen `auswahl` und die Werte (`value`) *Abholung* bzw. *Lieferung*.
- Geben Sie außerdem das Attribut `required` ein, dadurch wird das Feld zum Pflichtfeld. Der Browser überprüft, ob eine Eingabe erfolgt, ansonsten erscheint eine Fehlermeldung.
- Der Container `<div>` und das `<fieldset>` bewirken eine Zusammenhörige Anordnung der Elemente.
- Über die Klasse `zwei-acht` erfolgt später die Positionierung per CSS3.

Header und Formular (pizzabestellung.html)

```
 9 ▼ <header>
10   <div class="logo"
11     <img src="images/pizzeria-da-
       angelo_logo.svg" width="400px" alt="Logo
       Pizzeria Da Angelo">
12   </div>
13   <p class="intro">
14     <strong>Lieber Gast,</strong><br>
15     wir freuen uns, dass Sie uns auf unserer
       Webseite besuchen.<br>
16     Pizza und Pasta zum Abholen oder Liefern.
       Wählen Sie aus.<br><br>
17     <strong>Wir wünschen Ihnen jetzt schon
       einen guten Appetit.</strong>
18   </p>
19   </header>
20 ▼ <main>
21   <form name="bestellung" action="">
22     <label></label>
23 ▼   <div class="zwei-acht">
24 ▼     <fieldset>
25         <input type="radio" name="auswahl"
           value="Abholung" required>
26         <label> Abholung</label>
27         <input type="radio" name="auswahl"
           value="Lieferung" required>
28         <label> Lieferung</label>
29       </fieldset>
30     </div>
31     <label>Pizzaauswahl</label>
32 ▼   <select class="zwei-acht" name="pizza"
       size="1">
33       <option value="P01">Pizza
         Margherita</option>
34       <option value="P02">Pizza Salami</option>
35       <option value="P03">Pizza Hawaii</option>
36       <option value="P04">Pizza Tonno</option>
37       <option value="P06">Pizza Quattro
         Formaggi</option>
38       <option value="P07">Pizza Quattro
         Stagioni</option>
39       <option value="P08">Pizza Frutti di
         Mare</option>
40       <option value="P09">Pizza Napoli</option>
41     </select>
```

7 Erstellen Sie eine Drop-down-Liste **G** zur Auswahl der Pizzasorte.
- Das Tag `<select>` fasst die verschiedenen Optionen zu einer Drop-down-Liste zusammen.
- Die Angabe `size="1"` bewirkt, dass nur ein Element der Auswahlliste zu sehen ist, der Rest erscheint nach Klick auf den Drop-down-Pfeil.

8 Erstellen Sie zwei Checkboxen **H** für Sonderwünsche.

9 Erstellen Sie die Felder zur Eingabe der Daten des Bestellers:

- Die Eingabefelder für den Vor- und Nachnamen **I** sind Pflichtfelder (`required`) und werden hälftig angeordnet, daher die Klassen `zwei-fuenf` und `fuenf-acht`, die später in CSS3 definiert werden.
- Bei den Eingabefeldern für die Straße und die Hausnummer **J** ist eine Aufteilung, mit nur einer Spalte für die Hausnummer sinnvoll, daher bekommt diese die Klasse `sieben-acht`.
- Erstellen Sie Eingabefelder für die Postleitzahl und den Ort **K**.
- Geben Sie beim Eingabefeld für die E-Mail-Adresse **L** das Attribut `type="email"` ein. Das Eingabefeld ist dadurch weiterhin kein Pflichtfeld, jedoch prüft der Browser bei der Eingabe, ob es sich um eine gültige E-Mail-Adresse handelt.
- Erstellen Sie ein mehrzeiliges Eingabefeld für Bemerkungen **M**. Die Höhe dieses Feldes wird durch die Angabe `rows="5"` auf fünf Zeilen festgelegt.

10 Erstellen Sie zum Abschicken des Formulars eine Schaltfläche, indem Sie das Element `button` einfügen **N**.

Webfont auswählen und verknüpfen

Zur Auswahl einer Schrift greifen wir auf *Google Fonts* zurück. Hier finden Sie eine große Schriftsammlung, die sie (kostenfrei) für Webprojekte nutzen dürfen.

Die Schriftdatei kann dabei auf einem Google-Server verbleiben und wird beim Öffnen der Site geladen.

Formular (pizzabestellung.html)

```
42    <label class="check">Sonderwünsche</label>
43    <fieldset class="zwei-acht">
44      <div class="check">
45        <input type="checkbox" value="scharf">
46        <label>Extra scharf</label>
47      </div>
48      <div class="check">
49        <input type="checkbox" value="kaese">
50        <label>Extra viel Käse</label>
51      </div>
52    </fieldset>
53    <label class="last-name">Vorname,
      Nachname</label>
54    <div class="zwei-fuenf">
55      <input id="Vorname" type="text" required>
56    </div>
57    <div class="fuenf-acht">
58      <input id="Nachname" type="text" required>
59    </div>
60    <label class="last-name">Straße,
      Hausnummer</label>
61    <div class="zwei-sieben">
62      <input id="Strasse" type="text">
63    </div>
64    <div class="sieben-acht">
65      <input id="Hausnummer" type="text">
66    </div>
67    <label class="last-name">PLZ, Ort</label>
68    <div class="zwei-vier">
69      <input id="PLZ" type="text">
70    </div>
71    <div class="vier-acht">
72      <input id="Ort" type="text">
73    </div>
74    <label>E-Mail</label>
75    <div class="zwei-acht">
76      <input type="email">
77    </div>
78    <label>Bemerkungen</label>
79    <div class="zwei-acht">
80      <textarea rows="5"></textarea>
81    </div>
82    <div class="zwei-sechs">
83      <button><strong>Bestellen</strong></button>
84    </div>
85  </form>
86  </main>
87  </body>
88  </html>
```

1 Öffnen Sie **https://fonts.google.com** und wählen Sie eine Schrift aus. Im Beispiel die Schrift *Montserrat*.

2 Wählen Sie den gewünschten Schriftschnitt, z. B. *Regular 400*, indem Sie auf + `Select this style` klicken **A**.

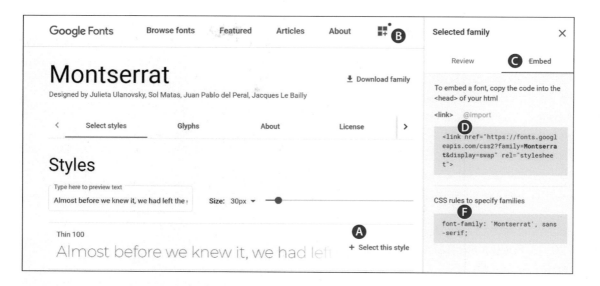

3 Klicken Sie auf das Icon rechts oben **B** und danach auf `Embed` **C**.

4 Kopieren Sie den `<link ... >` **D** und fügen Sie ihn im `<head>` Ihrer HTML-Datei ein **E**.

5 Die CSS-Definition zur Schriftfamilie finden Sie hier: **F**.

CSS-Datei

1 Erzeugen Sie eine neue Datei und speichern Sie diese im Unterordner *styles* unter dem Namen *layout.css* ab.

2 Fügen Sie die Selektoren `body`, `select`, `button` und `input` ein **G**. Diese HTML-Elemente `select`, `button`, `input` und `textarea` sind von der Vererbung der CSS-Eigenschaften ausgeschlossen und müssen daher extra aufgeführt werden. Statt der Selektoren `body`, `select`, `button` und `input` können Sie auch den Universalselektor `*` nutzen.

3 Geben Sie hier die Definition `font-family: ...` **G** für den Webfont ein.

Formular (pizzabestellung.html)

```
1   <!doctype html>
2 ▼ <html>
3 ▼ <head>
4   <meta charset="utf-8">
5   <title>Pizzabestellung</title>
6   <link href="styles/layout.css"
    rel="stylesheet" type="text/css">
7   <link
    href="https://fonts.googleapis.com/css2?
    family=Montserrat&display=swap"
    rel="stylesheet"
8   </head>
9 ▼ <body>
```

Grid (layout.css)

```
3
4   /* webfont */
5
6 ▼ body, select, button, input, textarea {
7   font-family: 'Montserrat', sans-serif;
8   }
9
10  /* grid */
11
```

Grid erstellen

1 Definieren Sie die Eigenschaften des Grids **A**:
- Zeile 13: Darstellung des Formulars im Grid-Layout
- Zeile 14: Zentrierung des Layouts, oben und unten ohne Abstand, rechts und links durch `auto` gleichmäßige Außenabstände
- Zeile 15: maximale Breite des Grids
- Zeile 16: Einteilung in sieben Spalten
- Zeile 17: Abstand zwischen Zellen

2 Definieren Sie die Anordnung der Elemente im Grid:
- Zeilen 20–23: Positionieren Sie den Selektor `label` in der ersten Spalte **B**.
- Zeilen 25–63: Definieren Sie die dargestellten CSS-Klassen **C**, über die die HTML-Elemente des Formulars platziert werden.

Formularelemente formatieren

1 Zeilen 67–69: Zentrieren Sie das Logo und den Introtext über die Klasse `.logo` bzw. `.intro` **D**.

2 Zeilen 71–75: Formatieren Sie den Einleitungstext **E** mit erhöhtem Zeilenabstand.

3 Zeilen 77–80: Fügen Sie für die Checkboxen einen zusätzlichen Außenrand von 10 px ein **F**.

4 Die Eingabefelder und der Button bekommen folgende Eigenschaften **G**:
- Zeile 83: Für eine leichtere Wirkung bekommen sie einen helleren Rand mit der Farbe `#999`.
- Zeile 84: Durch die Angabe `width: 100%` füllen die Eingabefelder jeweils die gesamte Breite des definierten Bereichs aus.
- Zeile 85: `font-size: 1em` ist notwendig, da sonst die Einträge im Drop-down-Menü kleiner dargestellt werden als der restliche Text.
- Zeile 86–87: Erhöhte Innenabstände erzeugen höhere Eingabebereiche.

5 Zeilen 90–92: Da bei den beiden Bereichen `fieldset` für die Optionsfelder und die Checkboxen keine

Grid und Formularelemente (layout.css)

```css
10   /* grid */
11
12   form {
13     display: grid;
14     margin: 0 auto 0 auto;
15     max-width: 600px;
16     grid-template-columns: 200px 1fr 1fr
         1fr 1fr 1fr 1fr;
17     grid-gap: 10px;
18   }
19
20   label {
21     grid-column-start: 1;
22     grid-column-end: 2;
23   }
24
25   .zwei-acht {
26     grid-column-start: 2;
27     grid-column-end: 8;
28   }
29
30   .zwei-sieben {
31     grid-column-start: 2;
32     grid-column-end: 7;
33   }
34
35   .zwei-sechs {
36     grid-column-start: 2;
37     grid-column-end: 6;
38   }
39
40   .zwei-fuenf {
41     grid-column-start: 2;
42     grid-column-end: 5;
43   }
44
45   .zwei-vier {
46     grid-column-start: 2;
47     grid-column-end: 4;
48   }
49
50   .vier-acht {
51     grid-column-start: 4;
52     grid-column-end: 8;
53   }
54
55   .fuenf-acht {
56     grid-column-start: 5;
57     grid-column-end: 8;
58   }
59
60   .sieben-acht {
61     grid-column-start: 7;
62     grid-column-end: 8;
63   }
64
65   /* style */
66
67   .logo, .intro {
68     text-align: center;
69   }
```

Ränder gewünscht sind, aber auch diese Elemente mit dem Namen **input** beinhalten, müssen die Ränder für **fieldset** auf **none** gestellt werden **H**.

6 Zeilen 94–96: Auch die Breite muss speziell beim **fieldset** für die Eingabefelder **input** korrigiert und auf den Wert **auto** gesetzt werden **I**.

7 Zeilen 98–101: Der Button erhält die Farbe **#bbb** und einen zusätzlichen Abstand oben **J**.

8 Zeilen 103–105: Beim Überfahren des Buttons mit der Maus soll dieser die grüne Farbe des Logos erhalten: **#329f49** **K**.

Website ins Internet uploaden und testen

Damit eine Website auf möglichst allen Endgeräten „funktioniert", muss ausführlich getestet werden. Nutzen Sie zum Upload ein FTP-Programm oder die WebFTP-Oberfläche Ihres Providers (siehe S. 59).

Nehmen Sie Anpassungen in der CSS-Datei vor, bis das Layout auf allen Endgeräten akzeptabel ist. Lösen Sie sich aber von der Vorstellung, dass die Website auf allen Geräte exakt gleich dargestellt wird…

Formularelemente (layout.css)

```
71 ▼ .intro {
72     padding-top: 30px;
73 (E) padding-bottom: 30px;
74     line-height: 2;
75   }
76
77 ▼ .check {
78 (F) margin-top: 10px;
79     margin-bottom: 10px;
80   }
81
82 ▼ input, select, button, textarea {
83     border: 1px solid #999;
84 (G) width: 100%;
85     font-size: 1em;
86     padding-top: 10px;
87     padding-bottom: 10px;
88   }
89
90 ▼ fieldset {
91 (H) border: none;
92   }
93
94 ▼ fieldset input {
95 (I) width: auto;
96   }
97
98 ▼ button {
99 (J) background: #bbb;
100    margin-top: 20px;
101  }
102
103 ▼ button:hover {
104 (K) background: #329f49;
105  }
```

Single-Page-Website

Briefing

Szenario

Um die Newcomer-Band TNA (Temporarily Not Available) bekannt zu machen, soll ein Webauftritt erstellt werden. Die Website wird im Single-Page-Design gewünscht, damit sie insbesondere auf Smartphones durch Wischen mit dem Finger bedient werden kann.

Zur Erstellung von Single-Page-Sites gibt es im Internet zahlreiche „Webbaukästen". Diese stellen bereits fertige Layouts (Templates) bereit, bei denen die User nur noch den Content einpflegen müssen. Der Lerneffekt ist hierbei minimal.

In diesem Projekt werden Sie eine eigene Single-Page-Anwendung realisieren. Zum besseren Verständnis sollten Sie bereits über Grundkenntnisse in HTML5 und CSS3 verfügen.

🔧 SOFTWARE

- HTML-Editor, z.B. Dreamweaver, Brackets
- Office-Software, z.B. Word
- Webbrowser, z.B. Chrome, Firefox, Safari
- FTP-Software, z.B. Filezilla

📄 DATEN

www.bi-me.de/download

💡 VORWISSEN

S. 12: Semantische Beschreibung
S. 60: Typografie
S. 71: Flexible Boxen
S. 73: Block- und Inline-Elemente

weitere Infos: www.w3schools.com

HTML5 und CSS3

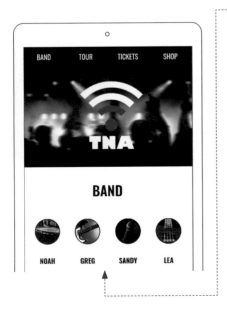

© Springer Fachmedien Wiesbaden GmbH, ein Teil von Springer Nature 2021
P. Bühler et al., *Digitalmedien-Projekte*, Bibliothek der Mediengestaltung,
https://doi.org/10.1007/978-3-658-31378-4_7

Technische Angaben

Single-Page-Websites bestehen, wie der Name sagt, aus lediglich einer HTML5-Datei. Der gesamte Seiteninhalt ist linear angeordnet und kann durch Scrollen bzw. Wischen betrachtet werden. Die Navigationsleiste dient lediglich dazu, um schneller zum gewünschten Thema zu gelangen.

Die Grafik zeigt das Wireframe (Drahtgittermodell) der Website. Ihre – sehr einfache – semantische Struktur besteht aus einem Artikel `<article>` mit Navigationsleiste `<nav>`, fünf Abschnitten `<section>` und einer Fußzeile `<footer>`.

Zur Umsetzung kommen sogenannte *CSS-Flexboxen* zum Einsatz. Diese sind sehr gut geeignet, um Inhalte entweder nebeneinander oder untereinander anzuordnen. Durch die Verwendung von relativen Einheiten (**%** bzw. **vh** und **vw**) gelingt es, dass sich sowohl die Flexboxen als auch deren Inhalt dynamisch an den Viewport[1] des Endgeräts anpasst. Für eine Verbesserung sind weitere CSS-Techniken wie *Media Queries* oder *Grid-Layouts* erforderlich. Hierauf gehen wir im Kapitel *Responsive Website* ein.

Planung

Grundgerüst

- Semantische Struktur festlegen (HTML5)
- Layout mit Flexboxen erstellen (CSS3)

Screendesign

- Content (Texte, Bilder) platzieren
- Texte typografisch gestalten (CSS3)

Verlinkung

- Navigationsleiste ergänzen
- Impressum ergänzen

Upload und Test

- Website ins Internet laden
- Website mit diversen Endgeräten testen

---

1 Der Viewport bezeichnet den Bereich eines Displays bzw. Webbrowsers, der zur Darstellung des Contents genutzt wird.

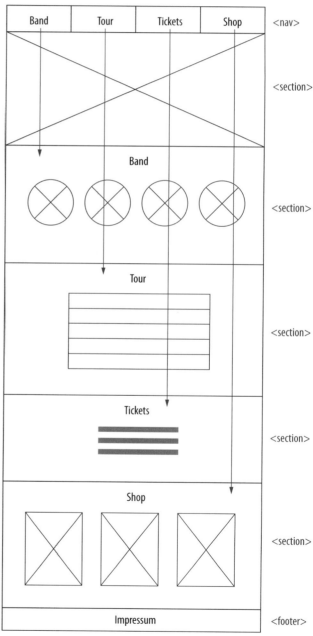

6 Ergänzen Sie den Titel *TOUR* sowie die Tourdaten in der Sektion **tour** Ⓐ. Den Text können Sie der Word-Datei *tna-text.docx* entnehmen.

7 Geben Sie den Titel *TICKETS* und die Preise in der Sektion **tickets** ein Ⓑ.

8 Ergänzen Sie den Titel *SHOP* sowie die Grafik *shop.svg* in der Sektion **shop** Ⓒ.

9 Speichern Sie den Zwischenstand erneut ab und testen Sie Ihre Lösung im Browser.

index.html

```
36 ▼Ⓐ <section id="tour">
37      <h2>TOUR</h2>
38          <p>10.02. Freiburg</p>
39          <p>12.03. Donaueschingen</p>
40          <p>09.04. Singen</p>
41          <p>07.05. Villingen</p>
42          <p>04.06. Rottweil</p>
43          <p>30.07. Stuttgart</p>
44          <p>13.08. Karlsruhe</p>
45      </section>
46 ▼Ⓑ <section id="tickets">
47      <h2>TICKETS</h2>
48          <p>Erwachsene: 8 €</p>
49          <p>Schüler, Studenten: 4 €</p>
50          <p>Kinder (bis 12 Jahre):  frei</p>
51          <p>BUY</p><br>
52      </section>
53 ▼Ⓒ <section id="shop">
54      <h2>SHOP</h2>
55          <img src="images/shop.svg"
               alt="Shopartikel" width="100%"/>
56          <p>BUY</p>
57      </section>
```

Texte typografisch gestalten

Zur Auswahl einer Schrift greifen wir auf *Google Fonts* zurück. Hier finden Sie eine große Schriftsammlung, die sie (kostenfrei) für Webprojekte nutzen dürfen. Die Schriftdatei verbleibt dabei auf einem Google-Server und wird beim Öffnen der Site geladen.

1 Öffnen Sie **https://fonts.google.com** und wählen Sie eine Schrift aus. Im Beispiel verwenden wir die Schrift *Oswald*.

2 Wählen Sie die gewünschten Schriftschnitte, indem Sie auf **+ Select this style** klicken Ⓓ.

3 Klicken Sie auf das Icon rechts oben Ⓔ und danach auf **Embed** Ⓕ.

4 Kopieren Sie den **<link>** Ⓖ und fügen Sie ihn im Dateikopf Ihrer HTML-Datei ein.

5 Die Schriftfamilie finden Sie hier: Ⓗ.

6 Nehmen Sie die grundlegenden Schrifteinstellungen im **body** vor **A**. Die Angabe in **vh** (viewport height) bewirkt, dass sich die Schriftgröße an die Höhe des Viewports anpasst.

7 Nehmen Sie für **h2 B** und **h4 C** die Anpassung der Schriftgrößen vor.

8 Erstellen Sie eine Klasse **p.termin**, um die Zeilen der Tourdaten mit einem Kasten zu hinterlegen. Das Pseudoelement **:nth-child() D** bewirkt, dass alle ungeraden Zeilen (**even**) weiß und alle geraden Zeilen (**odd**) dunkelgrau hinterlegt werden.
Vergessen Sie nicht, die Klasse (**class="termin"**) in den entsprechenden Zeilen der HTML-Datei anzugeben.

9 Falls der Abstand unter der Tabelle zu gering ist, können Sie wahlweise die Höhe **vh** der Flexbox verändern oder einen unteren Innenabstand **padding-bottom** definieren.

10 Definieren Sie eine Klasse **p.bestellung**, um den Text *BUY* bei den Tickets und im Shop wie ein Button aussehen zu lassen **E**.
Ergänzen Sie die Klasse (**class="bestellung"**) in den entsprechenden Zeilen der HTML-Datei.

11 Testen Sie Ihre Seite möglichst mit mehreren Browsern. Auf Seite 59 erfahren Sie, wie sie ins Internet geladen und dann auch mit mobilen Endgeräten getestet werden kann.

layout.css

```
A  body {background-color: #000;
6      font-family: 'Oswald', sans-serif;
7      font-size: 3vh;
8      text-align: center;
9      color: #000;
10     }
B  h2 {
12     font-size: 6vh;
13     }
C  h4 {
15     font-size: 4vh;
16     }
D  p.termin:nth-child(even) {
18     width: 60%;
19     margin: auto;
20     padding: 10px;
21     background-color: #FFFFFF;
22     }
D  p.termin:nth-child(odd) {
24     width: 60%;
25     margin: auto;
26     padding: 10px;
27     background-color: #8F8F8F;
28     }
E  p.bestellung {
30     width: 10vw;
31     margin:auto;
32     padding: 10px;
33     border: 1px solid black;
34     }
```

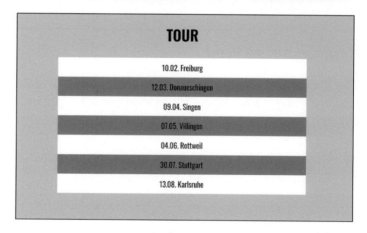

Navigationsleiste ergänzen

Da sich der gesamte Content einer Single-Page-Site in einer HTML-Datei befindet, dient die Navigationsleiste ausschließlich dazu, um per Mausklick oder Fingertipp zu einem gewünschten Thema zu springen. Da die Navigationsleiste immer sichtbar bleibt, ist dies eine nützliche Navigationshilfe, vor allem bei Webauftritten mit viel Content.

1 Fügen Sie vier Links **Ⓐ** in der Navigationsleiste `nav` Ihrer HTML-Datei ein. Geben Sie als Linkziel `href` jeweils die ID der Sektion an, zu der Sie springen möchten. Beispiel: `#tour` verlinkt zu Sektion mit der `id="tour"`.

index.html

```
11 ▼ <article>
12 ▼     <nav>
13           <a href="#band">BAND</a>
14       Ⓐ  <a href="#tour">TOUR</a>
15           <a href="#tickets">TICKETS</a>
16           <a href="#shop">SHOP</a>
17       </nav>
```

2 Testen Sie die Links im Browser.

layout.css

3 Ergänzen Sie in der Datei *layout.css* die Angaben zur Formatierung der Links. Wie schon bei den `<figure>`-Tags werden durch **Ⓑ** die `<a>`-Tags als Blockelemente in der gewünschten Breite dargestellt.

```
36 ▼ a {
37       font-size: 3vh;
38       text-decoration: none;
39       color: #FFF;
40    Ⓑ display: inline-block;
41       padding-top: 20px;
42       width: 15vw;
43   }
```

Impressum ergänzen

Ein Impressum auf einer Website ist Pflicht. Ein rechtssicheres Impressum zu erstellen ist für Laien schwierig bis unmöglich. Glücklicherweise gibt es hierfür Hilfe aus dem Internet. Wir greifen deshalb auf einen Impressum-Generator zurück.

1 Erzeugen Sie eine neue HTML-Seite und speichern Sie sie unter dem Namen *impressum.html* ab.

2 Rufen Sie die Website **www.impressum-generator. de** auf.

3 Starten Sie den Generator, der Sie Schritt für Schritt durch alle Pflichtangaben eines Impressums führt.

4 Kopieren Sie den gesamten Text des Impressums in Ihr HTML-Dokument.

5 Formatieren Sie Ihr Impressum wie gewünscht.

6 Ergänzen Sie den Link zum Impressum im Footer der Datei *index.html*.

IMPRESSUM

Angaben gemäß § 5 TMG:
Max Muster
Musterweg
12345 Musterstadt

Vertreten durch:
Max Muster

Kontakt:
Telefon: (0172) 123 456 78
E-Mail: info@tna.de

Umsatzsteuer-ID:
Umsatzsteuer-Identifikationsnummer gemäß §27a
Umsatzsteuergesetz: 12345678.

Website ins Internet uploaden

Bevor eine Website „live" geht, sollte sie ausführlich mit verschiedenen Endgeräten (Android-Smartphone, iPhone, iPad, Notebook) getestet werden. Hierzu benötigen Sie:

- Webspace: Wir empfehlen hierfür den Anbieter *bplaced.net*, der ein Gigabyte Webspace kosten- und werbefrei zur Verfügung stellt.
- FTP-Software zum Upload der Dateien: Ein hierfür gut geeignetes Programm ist die Open-Source-Software *Filezilla*.

1 Rufen Sie **www.bplaced.net** auf.

2 Wählen Sie *Freestyle* (oder eine kostenpflichtige Alternative). Nach Eingabe einer E-Mail-Adresse erhalten Sie per E-Mail ein Passwort.

3 Wählen Sie im nächsten Schritt den gewünschten Benutzernamen. Der Aufruf Ihrer Website erfolgt dann über *name.bplaced.net*. Vergeben Sie ein Zugangspasswort. Schließen Sie danach die Anmeldung ab.

4 Rufen Sie **www.filezilla-project.org** auf und klicken Sie auf den Button *Download Filezilla Client*.

5 Installieren Sie *Filezilla*. Beachten Sie, dass Sie während der Installation gefragt werden, ob Sie zusätzliche Software installieren wollen. Dies können Sie durch Anklicken des Buttons *Decline* ablehnen.

6 Starten Sie Filezilla und geben Sie folgende Daten ein:
- Server: *name.bplaced.net* **A**
- Benutzername: *name* **B**
- Passwort **C**

7 Klicken Sie auf den Button *Verbinden* **D**. Wenn alles geklappt hat, sehen Sie im rechten Fenster Ihr Arbeitsverzeichnis *WWW* **E**. Klicken Sie auf dieses Verzeichnis.

8 Rufen Sie nun im linken Fenster Ihr lokales Arbeitsverzeichnis auf. Kopieren Sie dann mit gedrückter Maustaste alle Dateien ins rechte Fenster.

9 Trennen Sie die Verbindung zum Server **F**. Ihr Webauftritt ist jetzt online und kann auf jedem Endgerät über **name.bplaced.net** aufgerufen und getestet werden.

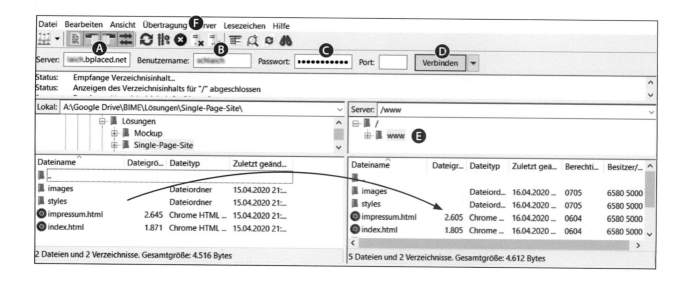

Responsive Website

Briefing

Szenario

Für einen neuen Tierpark im Schwarzwald („black forest park") soll ein Webauftritt erstellt werden. Da die Website auf möglichst vielen Endgeräten (Smartphone, Tablet, Laptop) funktionieren soll, ist ein responsives Layout erforderlich. Der Kunde wünscht ein Demo (Mockup) der Homepage ohne Verlinkung der geplanten Unterseiten.

In der Praxis werden responsive Webseiten fast nur noch mit Content-Management-Systemen (CMS) erstellt. Diese bieten sowohl Designvorlagen (Templates) als auch alle Skriptdateien zur Anpassung an die Endgeräte. Die Erstellung von Webauftritten mit Hilfe eines CMS wird damit zwar relativ einfach, allerdings lernen Sie hierbei nichts über HTML5 und CSS3.

In diesem Projekt erstellen Sie eine einfache responsive Website „von Hand", um die prinzipielle Vorgehensweise kennenzulernen. Sie sollten hierfür bereits über gute Grundkenntnisse in HTML5 und CSS3 verfügen.

 SOFTWARE

- HTML-Editor, z. B. Dreamweaver, Brackets
- Office-Software, z. B. Word
- Webbrowser, z. B. Chrome, Firefox, Safari

 DATEN

www.bi-me.de/download

 VORWISSEN

S. 12:	Semantische Beschreibung
S. 57:	Maßeinheiten
S. 60:	Typografie
S. 66:	Layout
S. 71:	Flexible Boxen
S. 76:	Media Queries
S. 85:	Responsive Webdesign

HTML5 und CSS3

Infos über Grid-Layouts:
w3schools.com
css-tricks.com/snippets/css/complete-guide-grid/

© Springer Fachmedien Wiesbaden GmbH, ein Teil von Springer Nature 2021
P. Bühler et al., *Digitalmedien-Projekte*, Bibliothek der Mediengestaltung,
https://doi.org/10.1007/978-3-658-31378-4_8

Technische Angaben

Responsives Layout

Ein responsives und damit an das Endgerät anpassungsfähiges Layout erhalten Sie durch die Kombination zweier Layouttypen:

- *Fluide Layouts* passen sich an die Größe des Displays bzw. des sogenannten Viewports an – vergleichbar mit einer Flüssigkeit in einem Gefäß.
- *Adaptive Layouts* ändern sich in Abhängigkeit von der Größe des Displays, z.B. von zwei- in einspaltig. Technisch wird dies mit Hilfe von *Media Queries* realisiert.

CSS-Grid-Layout

Mit Grid-Layouts oder kurz: mit Grids steht Webdesignern seit wenigen Jahren eine Technologie zur Verfügung, die (endlich) das Layouten mit Hilfe von Gestaltungsrastern ermöglicht, wie wir dies vom Printdesign gewohnt sind. Grid-Layouts sind einfach zu erstellen und eignen sich hervorragend zur Umsetzung responsiver Webseiten. Sie werden sehen, dass Sie bereits mit wenigen Codezeilen ansprechende Ergebnisse erzielen.

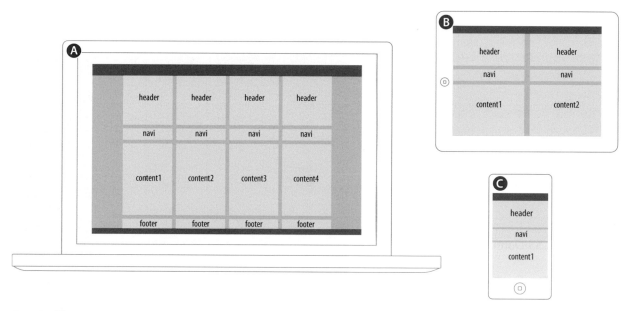

Die Grafiken zeigen das Grid (wörtlich: Gitter) der Website. Wie zu sehen ist, werden hierbei drei Fälle unterschieden:

- Breites Display **A**: Das Grid besteht aus 4 Reihen und 4 Spalten, also aus insgesamt 16 Zellen. Die Breite der Zellen wird begrenzt, so dass ab einer maximalen Breite links und rechts ein Rand zu sehen ist.
- Schmales Display oder Tablet **B**: Das Grid besteht aus 5 Reihen (`content3`, `content4` und `footer` sind verborgen) und 2 Spalten, also 10 Zellen. Durch Scrollen oder Wischen wird der verborgene Content sichtbar.
- Smartphone oder Tablet im Hochformat **C**: Das Grid besteht aus 7 Reihen und 1 Spalte. Sämtliche Zellen sind jetzt untereinander angeordnet.

Screendesign für (breite) Displays

1 Fügen Sie die Schriftfamilie und Grund-schriftgröße im **body** der CSS-Datei ein.

2 Formatieren Sie die Schrift für die <h2>-Überschrift *Willkommen* und für den <h3>-Untertitel *black forest park* für die Darstellung auf (breiten) Displays. Da die Schriftdarstellung in den Media Queries für schmale Displays bzw. Smartphones angepasst wird, können Sie hier mit ab-soluten Angaben in Pixeln arbeiten. Alter-nativ ist die Verwendung der relativen Angabe **vh** (viewport height) möglich (vgl. Zeilen 35/36 bzw. 42/43).

3 Formatieren Sie die Schaltflächen:
- Zeile 28/29: Das <a>-Tag wird wie ein Blockelement behandelt und erhält eine Breite von **20 %**. Da es sich um fünf Buttons handelt, ergibt sich hier-durch eine Gesamtbreite von **100 %**.
- Zeilen 38–44: Anpassung der Schalt-flächen im **footer**

4 Speichern Sie den Zwischenstand und testen Sie Ihren Entwurf.

Website ins Internet uploaden

1 Exportieren Sie Ihr Projekt auf einen Web-server, um das Screendesign für Tablets bzw. Smartphones zu optimieren. Eine Beschreibung für den Upload finden Sie auf Seite 59.

2 Falls ein Upload nicht möglich ist, simu-lieren Sie die Endgeräte durch Verklei-nern des Browserfensters. Beachten Sie jedoch, dass sich die Darstellung auf-grund der unterschiedlichen Auflösung von der Darstellung auf Tablets/Smart-phones unterscheidet.

layout.css

```
3 ▼ body {
4       margin: 0px;
5       background-image: url("../images/back.jpg");
6       background-position: 100%;
7       background-size: cover;
8       font-family: 'Roboto Slab', serif;
9       font-size: 16px;
10  }
11 ▼ h2 {
12      font-size: 56px;
13      color: white;
14      margin-top: 220px;
15      margin-bottom: 0px;
16      margin-right: 55px;
17      text-align: right;
18  }
19 ▼ h3 {
20      font-size: 36px;
21      color: white;
22      margin-top: 0px;
23      margin-right: 55px;
24      text-align: right;
25  }
26
27 ▼ a {
28      display: inline-block;
29      width: 20%;
30      text-decoration: none;
31      color: #402805;
32      font-size: 25px;
33      font-weight: 900;
34      text-align: center;
35      margin-top: 2.5vh;
36      margin-bottom: 2vh;
37  }
38 ▼ footer > a {
39      font-weight: 200;
40      color: #d3881c;
41      font-size: 15px;
42      margin-top: 1vh;
43      margin-bottom: 0.5vh;
44  }
```

Screendesign für Tablets bzw. Smartphones

1 Nehmen Sie die Anpassung Ihres Screen-
designs für die hochformatige Darstellung für Smartphones *innerhalb* der
Media Queries vor:

- Zeile 145: Da Smartphones eine
  deutlich höhere Auflösung haben als
  Monitore, ist hier die relative Angabe
  vh sinnvoll.
- Zeilen 147–158: Anpassung der Überschriften sowie der Links. Die opti-
  malen Werte sind vom verwendeten
  Endgerät abhängig – möglicherweise
  eignen sich für Ihre Endgeräte andere
  Werte besser.

2 Nehmen Sie die Anpassung Ihres Screen-
designs für die zweispaltige Darstellung
auf schmalen Displays oder Tablets auf
die gleiche Weise *innerhalb* der Media
Queries vor.

layout.css

```
131 ▼ @media only screen and (orientation:portrait) {
132 ▼    article {
133          display: grid;
134          grid-template-rows: 2fr 0.3fr 2fr 2fr 2fr 0.3fr;
135          grid-template-columns: 1fr;
136          grid-template-areas:
137              "header"
138              "navi"
139              "content1"
140              "content2"
141              "content3"
142              "content4"
143              "footer";
144          height: 100vh;
145          font-size: 2vh;
146      }
147      h2 {font-size: 4vh}
148      h3{font-size: 2.5vh}
149 ▼    a {
150          font-size: 2vh;
151          margin-top: 1.8vh;
152          margin-bottom: 1.5vh;
153      }
154 ▼    footer >a {
155          font-size: 1.8vh;
156          margin-top: 0.5vh;
157          margin-bottom: 0.5vh;
158      }
159  }
```

Interaktive Website

Briefing

Szenario

Die Berechnung der Datenmenge von Bildern gehört zu den Kernaufgabe der Medientechnik.

Die Berechnung soll mit Hilfe einer interaktiven Website erfolgen. Diese stellt dem Nutzer ein Formular zur Verfügung, in das er die Bilddaten (Breite, Höhe, Farbtiefe) eingeben kann. Die Berechnung der Datenmenge in Bit sowie die Umrechnung in Byte, Kilo- und Megabyte erfolgt mit Hilfe eines JavaScripts, die Ergebnisse werden ebenfalls auf der Website angezeigt. Für dieses Projekt sollten Sie über Grundkenntnisse in HTML5, CSS3 und JavaScript verfügen.

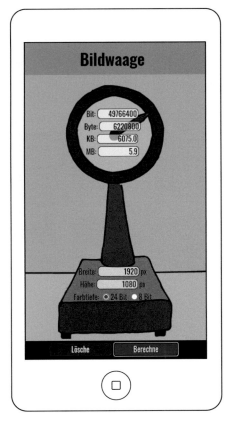

© Springer Fachmedien Wiesbaden GmbH, ein Teil von Springer Nature 2021
P. Bühler et al., *Digitalmedien-Projekte*, Bibliothek der Mediengestaltung,
https://doi.org/10.1007/978-3-658-31378-4_9

Technische Angaben

Bilddaten

Die Datenmenge eines unkomprimierten Bildes ist das Produkt aus Bildbreite in Pixel, Bildhöhe in Pixel und Farbtiefe in Bit. Letztere gibt den Speicherplatz an, der zum Speichern des Farbwertes eines Pixels benötigt wird. RGB-Bilder werden beispielsweise meistens mit 8 Bit pro Farbkanal gespeichert, so dass sich eine Farbtiefe von 24 Bit ergibt. Die Anzahl der möglichen Farben lässt sich aus der Farbtiefe berechnen: $2^{24} = 16{,}7$ Mio. Farben.

> **Datenmenge = Bildbreite x Bildhöhe x Farbtiefe   [Bit]**

Zur Umrechnung der Datenmenge in Byte muss diese durch 8 geteilt werden, weil ein Byte aus acht Bit besteht. Zur Umrechnung in die Vielfachen von Byte teilen wir durch den in der Medientechnik üblichen Faktor 1.024. Als Einheiten verwenden wir für Kilobyte KB und für Megabyte MB[1].

Hinweis: Obige Formel gilt für *unkomprimierte* Bilder wie z. B. *TIF*. Durch das Exportieren der Bilder in Dateiformate wie z.B. *JPG* oder *PNG* nimmt die Datenmenge ab. In der Formel muss dies durch einen Kompressionsfaktor berücksichtigt werden. Ein Rahmen dieser Übung beziehen wir diesen jedoch nicht mit ein.

Website

Zur Umsetzung des Projekts werden folgende Technologien miteinander kombiniert:

- *HTML5* dient zur Erstellung der semantischen Struktur: Header, Content und Footer. Die Anordnung der Elemente erfolgt über Flexboxen, zur Dateneingabe dient ein Formular. Das Skript zur Auswertung der Eingaben wird über einen Button im Footer aufgerufen.
- *CSS3* dient zur Formatierung und Gestaltung der Website. Alle Objekte (Hintergrundbild, Textfelder, Buttons) müssen skalierbar sein, damit sich das Layout an die unterschiedlichen Endgeräte anpasst.
- *JavaScript* dient zur Auswertung der Texteingaben mit Hilfe der oben angegebenen Formel. Der Zugriff auf die eingegebenen Daten erfolgt mit der Methode `getElementById()`. Auch die Ergebnisse der Berechnung lassen sich mit dieser Methode in die Textfelder eintragen.

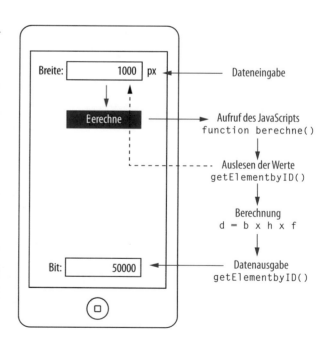

---

1   Auf die normierten Einheiten kibi und mebi verzichten wir hier, weil sie sehr ungebräuchlich sind.

Planung

HTML5

- Semantische Struktur festlegen
- Formular eingeben
- Buttons eingeben
- Externe Dateien einbinden

CSS3

- Layout mit Flexboxen erstellen
- Hintergrundbild platzieren
- Texte typografisch gestalten
- Formularfelder gestalten

JavaScript

- Eingabewerte auslesen
- Datenmenge berechnen
- Ergebnisse ausgeben
- Löschen ermöglichen

Upload und Test

- Website ins Internet laden
- Website mit verschiedenen Endgeräten testen
- Anpassungen im Layout vornehmen

Produktion

HTML5-Datei erstellen

1 Legen Sie einen Projektordner mit drei Unterordnern *styles*, *javascript* und *images* an.

2 Laden Sie die Grafik *waage.png* herunter und speichern Sie sie im Ordner *images*.

Semantische Struktur festlegen

1 Öffnen Sie Ihren HTML-Editor und erzeugen Sie eine neue HTML5-Datei.

2 Geben Sie die semantische Struktur bestehend aus `<article>`, `<header>`, `<section>` und `<footer>` ein **Ⓐ**.

3 Binden Sie mit `<link>` die (noch zu erstellende) CSS-Datei *layout.css* ein **Ⓑ**.

4 Binden Sie die (noch zu erstellende) JS-Datei *berechnung.js* ein **Ⓒ**.

Semantische Struktur (index.html)

```
1   <!DOCTYPE html>
2 ▼ <html>
3 ▼ <head>
4   <title>Bildwaage</title>
5   <meta charset="utf-8">
6 Ⓑ <link rel="stylesheet" type="text/css"
    href="styles/layout.css">
7 Ⓒ <script src="javascript/berechnung.js">
    </script>
8   </head>
9
10 ▼ <body>
11 ▼ <article>
12      <header></header>
13 Ⓐ    <section></section>
14      <footer></footer>
15    </article>
16   </body>
17   </html>
```

Content eingeben

1 Ergänzen Sie im `<header>` die Überschrift *Bildwaage*.

2 Erstellen Sie in der `<section>` das Formular `datenmenge` zur Ein- und Ausgabe der Daten. Es besteht aus folgenden Elementen (der Screenshot rechts zeigt nur Ausschnitte):
- 4 Ausgabefelder für Bit, Byte, KB und MB **A**. Jedes Textfeld erhält eine `id` und wird auf `disabled` gesetzt. Dies bewirkt, dass keine Eingaben gemacht werden können.
- 2 Eingabefelder für die Eingabe der Breite und Höhe **B**.
- 2 Radiobuttons zur Auswahl der Farbtiefe **C**: Vergeben Sie beiden Radiobuttons *denselben* Namen `farbtiefe`, aber *unterschiedliche* `id` und Werte (`value`, 24 bzw. 8).

3 Erstellen Sie im `<footer>` die Buttons. Über `onclick` **D** wird die jeweilige Funktion im JavaScript aufgerufen.

4 Speichern Sie die Datei unter *index.html*.

CSS3-Datei erstellen

1 Erzeugen Sie eine neue Datei und speichern Sie diese im Ordner *styles* unter dem Namen *layout.css* ab.

2 Legen Sie in **body** die Hintergrundfarbe und Randeinstellung fest **E**.

Flexboxen erstellen

3 Definieren Sie in **article** das Aussehen der Flexboxen **F**:
- Zeile 11: senkrechte Anordnung

Formular (index.html)

```
19 ▼ <form name="datenmenge">
20       <!-- Ausgabefelder-->
21 (A) Bit: <input type="text" id="bit" disabled/>
22
23       <!--Eingabefelder-->
24 (B) Breite: <input type="text" id="breite" /> px
25
26       <!--Radiobuttons-->
27 (C) Farbtiefe: <input type="radio"
         name="farbtiefe" id="ft1" value="24" />24 Bit
28
29   </form>
```

Buttons (index.html)

```
35     <button id="loesche" onclick="loesche();">   (D)
       Lösche</button>
36     <button id="berechne" onclick="berechne();">
       Berechne</button>
```

index.html

Bildwaage

Bit: _____
Byte: _____
KB: _____
MB: _____
Breite: _____ px
Höhe: _____ px
Farbtiefe: ○ 24 Bit ○ 8 Bit
[Lösche] [Berechne]

Grundeinstellung Flexboxen (layout.css)

```
1   @charset "utf-8";
2   /* CSS Document */
3
(E) body {
5       margin: 0px;
6       background-color: #000;
7   }
8
(F) article {
10      display: flex;
11      flex-direction: column;
12      justify-content: center;
13      max-width: 1000px;
14      margin: auto;
15  }
```

JavaScript erstellen

1 Erzeugen Sie eine neue Datei und speichern Sie diese im Ordner *javascript* unter dem Namen *berechnung.js* ab.

Funktion berechne() schreiben

1 Definieren Sie die `function berechne()` **Ⓐ**, die aufgerufen wird, wenn der User auf den Button *Berechne* klickt.

2 Deklarieren Sie mit `let` alle benötigten Variablen **Ⓑ**:
- Zeile 4/5: Die Werte für **b** und **h** werden mit `value` aus den Textfeldern ausgelesen.
- Zeilen 6–9: Den Variablen **e1** bis **e4** wird der Wert erst nach der Berechnung (Zeilen 23 bis 29) zugewiesen.

3 Werten Sie die Radiobuttons aus **Ⓒ**:
- Zeile 12: Die Variable **f** wird `true`, wenn der erste Radiobutton `farbtiefe[0]` angeklickt wurde.
- Zeilen 13–16: Wenn **f** `true` ist, erhält **f** den `value` des ersten Buttons, also 24. Im anderen Fall erhält den `value` des zweiten Buttons, also 8.

4 Berechnen Sie die Datenmengen **Ⓓ**:
- Zeile 19/20: Überprüfen Sie, ob korrekte Daten eingegeben wurden: In der Bedingung der `if`-Anweisung wird überprüft, ob die eingegebenen Werte keine Zahlen sind (`isNaN` steht für „is not a number"). Der doppelte senkrechte Strich steht für „oder". Ist die Bedingung erfüllt, wird in das obere Textfeld die Meldung „keine Zahl" eingetragen.
- Zeile 22/23: Da den Variablen aus den Textfeldern Text zugewiesen wurde, müssen sie mit `parseFloat()` in

Funktion berechne() (berechnung.js)

```
Ⓐ function berechne() {
3      //Deklaration der Variablen
4      let b = document.getElementById('breite').value;
5      let h = document.getElementById('hoehe').value;
6  Ⓑ  let e1 = document.getElementById('bit');
7      let e2 = document.getElementById('byte');
8      let e3 = document.getElementById('kilobyte');
9      let e4 = document.getElementById('megabyte');
10
11 Ⓒ  //Auswertung der Radio-Buttons
12     let f = document.datenmenge.farbtiefe[0].checked;
13     if (f)
14        f=document.getElementById('ft1').value;
15     else
16        f=document.getElementById('ft2').value;
17
18 Ⓓ  //Berechnung und Ausgabe der Ergebnisse
19     if (isNaN(parseFloat(b)) || isNaN(parseFloat(h))) {
20        e1.value ="keine Zahl";
21     } else {
22        let z = parseFloat(b) * parseFloat(h)*
       parseFloat(f)
23        e1.value = z;
24        z = z / 8;
25        e2.value = z;
26        z = z / 1024;
27        e3.value = z.toFixed(1);
28        z = z / 1024;
29        e4.value = z.toFixed(1);
30        }
31  }
```

Zahlen umgewandelt werden. Erst danach können Sie multipliziert werden.
- Zeile 23: Das Rechenergebnis **z** wird der Variablen **e1** als `value` übergeben. Hierdurch wird **z** in das Textfeld mit der `id='bit'` eingetragen und auf dem Display sichtbar.
- Zeilen 24–29: Das Rechenergebnis **z** wird in Byte, Kilobyte und Megabyte umgerechnet und den jeweiligen Variablen zugewiesen. Die Angabe `toFixed(1)` bewirkt, dass nur eine Stelle nach dem Komma angezeigt wird.

5 Speichern Sie Ihr JavaScript und testen Sie seine Funktion.

Funktion lösche() schreiben

1 Definieren Sie die `function loe-sche()` **Ⓐ**, die aufgerufen wird, wenn der User auf den Button *Lösche* klickt.

2 Deklarieren Sie mit `let` alle benötigten Variablen **Ⓑ**.

3 Weisen Sie den Variablen (und damit den Textfeldern) einen Leerstring zu, so dass der bisherige Inhalt gelöscht wird **Ⓒ**.

Funktion loesche() (berechnung.js)

```
Ⓐ function loesche() {
34      let b = document.getElementById('breite');
35      let h = document.getElementById('hoehe');
36  Ⓑ  let e1 = document.getElementById('bit');
37      let e2 = document.getElementById('byte');
38      let e3 = document.getElementById('kilobyte');
39      let e4 = document.getElementById('megabyte');
40      b.value="";
41      h.value="";
42  Ⓒ  e1.value="";
43      e2.value="";
44      e3.value="";
45      e4.value="";
46  }
```

Website ins Internet uploaden und testen

Bis eine Website auf möglichst allen Endgeräten (Android-Smartphone, iPhone, iPad, Notebook) funktioniert, muss ausführlich getestet werden. Eine Beschreibung für den Upload der Website auf einen Webserver finden Sie auf Seite 59.

Nehmen Sie Anpassungen in der CSS3-Datei vor, bis das Layout auf allen Endgeräten akzeptabel ist. Lösen Sie sich aber von der Vorstellung, dass die Website auf allen Geräte optimal dargestellt wird …

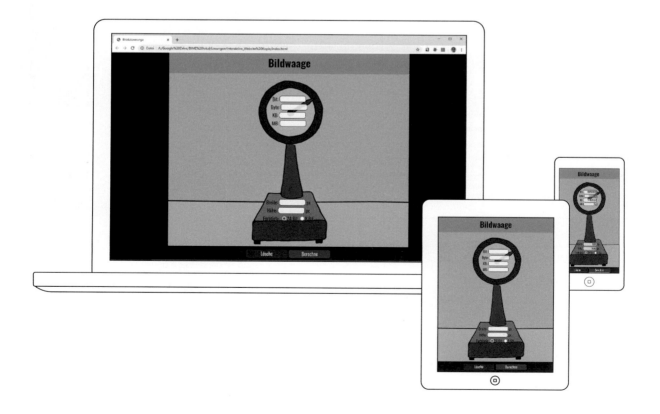

Dynamische Website

Briefing

Szenario

Fast jede Website, die Sie im Browser angezeigt bekommen, ist eine dynamische Website.

Dynamische Webseiten werden vom Server erst beim Aufrufen generiert. Das heißt, dass die jeweilige Seite aus statischen Elementen und meist auch mit Daten aus einer Datenbank zusammengebaut wird. Auf dem Server kommen hierzu Skriptsprachen wie PHP, Pearl oder Python zum Einsatz.

In diesem Projekt werden zunächst Daten in eine Datenbank importiert. Über ein Formular wird eine Datenbankabfrage per SQL durchgeführt und per PHP erfolgt die Generierung einer HTML-Seite mit den Ergebnissen.

Für dieses Projekt sollten Sie über Grundkenntnisse in HTML5, CSS3, PHP und SQL sowie zu Datenbanken verfügen.

Indexsuche

Bitte geben Sie einen Suchbegriff ein.

Projekt

Suchen

Suchergebnis

Ihre Suche nach "Projekt" ergab folgende Treffer:

Medienworkflow	Balkendiagramm (Projekt)	53
Medienworkflow	Projekt: Ziele	50, 51
Medienworkflow	Projekt: Terminplan	53
Medienworkflow	Projekt: Team	55

SOFTWARE

- HTML-Editor, z. B. Dreamweaver, Brackets
- Webbrowser, z. B. Chrome, Firefox, Safari
- Lokaler Webserver, z. B. XAMPP

DATEN

www.bi-me.de/download

VORWISSEN

Webtechnologien

HTML5 und CSS3

Datenmanagement

Infos über Grid-Layouts:
w3schools.com
css-tricks.com/snippets/css/complete-guide-grid/

© Springer Fachmedien Wiesbaden GmbH, ein Teil von Springer Nature 2021
P. Bühler et al., *Digitalmedien-Projekte*, Bibliothek der Mediengestaltung,
https://doi.org/10.1007/978-3-658-31378-4_10

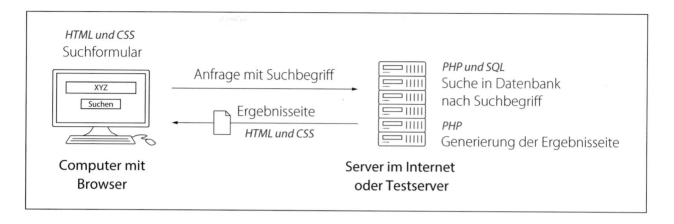

Technische Angaben

Technologien

Zur Umsetzung des Projekts werden folgende Technologien genutzt:

- *HTML5* dient zur Erstellung der semantischen Struktur. Die Anordnung der Elemente erfolgt über ein *CSS-Grid*, die Eingabe der Daten für die Suche geschieht über ein HTML-Formular.

- *CSS3* dient zur Formatierung und Gestaltung der Seite.
- *PHP* wird verwendet, um das Ergebnis der Suche über einen dynamisch erzeugten HTML-Code darzustellen.
- Eine *relationale Datenbank* wird zum Speichern der Daten genutzt.
- *SQL* ermöglicht den Zugriff auf die Datenbank. SQL ist eine Erweiterung von PHP.

Planung

Download

- Unter www.bi-me.de/download die Daten herunterladen

Entwicklungsumgebung

- XAMPP herunterladen
- Entwicklungsumgebung installieren und starten

Datenimport

- Datenbank anlegen
- Daten importieren

Formular

- Semantische Struktur festlegen
- Formular anlegen
- Layout mit Grid erstellen
- Elemente platzieren
- Texte und Formularfelder gestalten

Datenabfrage und -ausgabe

- Verbindung mit Datenbank herstellen
- SQL-Abfrage erstellen
- Ergebnis mit Hilfe von PHP als HTML-Code ausgeben

Test

- Funktionsfähigkeit testen

Produktion

Entwicklungsumgebung

HTML5 und CSS3 können problemlos in einem Browser angezeigt werden. Da in diesem Projekt aber auch die Programmiersprache PHP und eine Datenbank eingesetzt werden, ist entweder eine lokale Entwicklungsumgebung, wie XAMPP, oder ein externer Webserver erforderlich. Falls Sie Ihr Projekt auf einem Server im Internet testen wollen, können Sie auch kostenlose Angebote nutzen.

1 Rufen Sie die URL **apachefriends.org** auf.

2 Die Entwicklungsumgebung XAMPP ist für Windows, Linux und macOS verfügbar. Laden Sie sich die für Ihr Betriebssystem passende Version herunter.

3 Installieren Sie XAMPP, indem Sie die heruntergeladene Datei doppelklicken und den Anweisungen der Installation folgen.

4 Starten Sie das *XAMPP Control Panel*:
- ⊞: Wählen Sie unter *Start* den Ordner *XAMPP* und starten Sie darin das Programm *XAMPP Control Panel*.
- : Starten Sie im Finder unter Programme die App *XAMPP*.

⊞: Falls Sie die Meldung bekommen, dass der Port 80 bereits benutzt wird, dann müssen Sie entweder den betreffenden Dienst beenden oder den Port ändern.
- Den Dienst können Sie beenden, indem Sie auf *Dienste* **Ⓐ** klicken. Mit Rechtsklick auf den Dienst können Sie über *Beenden* den Dienst beenden

(meist ist der *WWW-Publishingdienst* der ursächliche Dienst).
- Den Port können Sie ändern, indem Sie auf *Konfig* **Ⓑ** klicken und die Datei *Apache (httpd.conf)* öffnen. Ändern Sie darin den Eintrag *Listen 80* z. B. auf *Listen 81*.

5 Starten Sie nun die notwendigen Dienste *Apache* (zur Ausführung von PHP) und *MySQL* (zur Nutzung der Datenbank):
- ⊞: Klicken Sie auf Starten **Ⓒ**, um *Apache* zu starten. Klicken Sie auf *MySQL* **Ⓓ**, um die Datenbank zu starten.

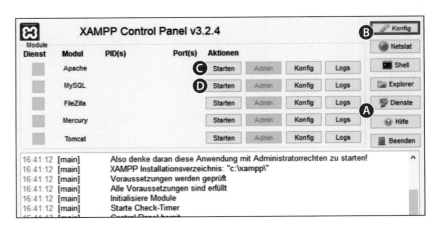

- : Klicken Sie auf *Manage Servers* **A** und starten Sie *Apache Web Server* und *MySQL Database*, indem Sie die Server auswählen **B** und dann auf Start **C** klicken.

Datenimport

1 Öffnen Sie einen Browser und geben Sie in die Adressleiste *localhost* ein.

2 Klicken Sie im Menü auf *phpMyAdmin* **A**.

3 Wählen Sie im Menü von phpMyAdmin den Reiter *Datenbanken* **B**.

4 Geben Sie als Datenbankname *BIME* **C** ein und klicken Sie auf *Anlegen* **D**.

5 Wählen Sie die neue Datenbank **E** aus.

6 Wählen Sie im Menü den Reiter *Importieren*.

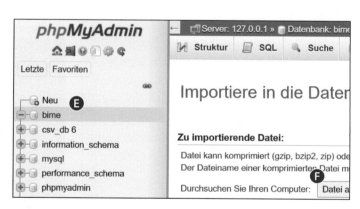

7 Klicken Sie auf *Datei auswählen* **F** und wählen Sie die heruntergeladene Datei *bime-index.csv* aus.

8 Geben Sie im Feld *Spalten getrennt mit:* einen Strichpunkt ein **G**.

9 Entfernen Sie die Anführungszeichen in den Feldern *Spalten eingeschlossen von:* **H** und *Spalten escaped mit:* **I**.

10 Aktivieren Sie die Checkbox *Die erste Zeile der Datei enthält die Spaltennamen ...*

11 Klicken Sie rechts unten in der Ecke auf *OK*.

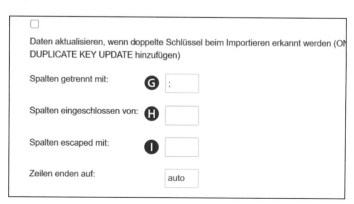

Formular

Semantische HTML-Struktur festlegen

1 Öffnen Sie Ihren HTML-Editor und erzeugen Sie eine neue HTML5-Datei.

2 Geben Sie als semantische Struktur die Tags `<header>` **A** und `<main>` **B** ein.

3 Binden Sie mit `<link>` die (noch zu erstellende) CSS-Datei *layout.css* ein **C**.

4 Fügen Sie als Titel der Seite *Suche* in `<title>` ein **D**.

5 Legen Sie einen Projektordner mit dem Unterordner *styles* an.

6 Speichern Sie Ihre HTML-Datei unter dem Namen *suche.html* im zu erstellenden Projektordner *suche* ab.

Semantische Struktur (suche.html)

```
1    <!doctype html>
2  ▼ <html>
3  ▼ <head>
4      <meta charset="utf-8">
5 (D)  <title>Suche</title>
6 (C)  <link href="styles/layout.css" rel="stylesheet"
       type="text/css">
7    </head>
8  ▼ <body>
9    <header>
10(A) </header>
11(B) <main class="content">
12   </main>
13   </body>
14   </html>
```

HTML-Content eingeben

1 Fügen Sie im `<header>` die Texte *Indexsuche* und *Bitte geben Sie einen Suchbegriff ein.* **A** ein.

2 Formatieren Sie den Text, indem Sie mit dem `<strong>`-Tag den Text *Indexsuche* **B** fett auszeichnen und einen Umbruch über `<br>` erzeugen **C**.

3 Erstellen Sie im `<main>` das Formular suche **D** zur Eingabe des Suchbegriffs. Fügen Sie als `action` die später zu erstellende `abfrage.php` ein.

4 Erstellen Sie ein Eingabefeld für den Suchbegriff **E**.

5 Erstellen Sie zum Abschicken des Formulars eine Schaltfläche, indem Sie das Element `button` einfügen **F**.

Header und Formular (suche.html)

```
1    <!doctype html>
2  ▼ <html>
3  ▼ <head>
4      <meta charset="utf-8">
5      <title>Suche</title>
6      <link href="styles/layout.css" rel="stylesheet"
       type="text/css">
7    </head>
8  ▼ <body>
9  ▼ <header>                    (B)           (C)
10(A)     <strong>Indexsuche</strong><br>
11        Bitte geben Sie einen Suchbegriff ein.
12   </header>
13 ▼ <main class="content">
14(D) <form name="suche" action="abfrage.php"
       method="post">
15 ▼    <div class="breit">
16(E)     <input name="suchbegriff">
17      </div>
18 ▼    <div class="mitte">
19(F)     <button><strong>Suchen</strong></button>
20      </div>
21   </form>
22   </main>
23   </body>
24   </html>
```

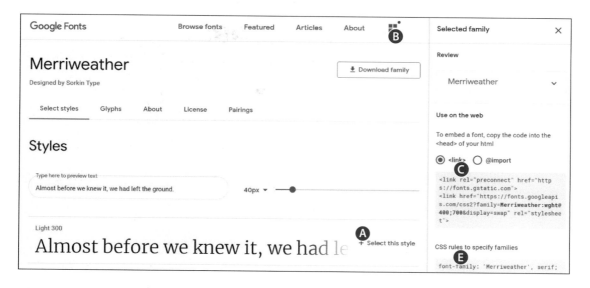

Webfont auswählen und verknüpfen

Bei *Google Fonts* finden Sie eine große Schriftsammlung, die sie (kostenfrei) für Webprojekte nutzen dürfen. Die Schriftdatei kann dabei auf einem Google-Server verbleiben und wird beim Öffnen der Site geladen.

1 Öffnen Sie **https://fonts.google.com** und wählen Sie eine Schrift aus.

2 Wählen Sie die gewünschten Schriftschnitte, z. B. *Regular 400* und *Bold 700*, indem Sie auf **+ Select this style** klicken **Ⓐ**.

3 Klicken Sie auf das Icon rechts oben **Ⓑ**.

4 Kopieren Sie den **<link ... >** **Ⓒ** und fügen Sie ihn im **<head>** Ihrer HTML-Datei ein **Ⓓ**.

5 Die CSS-Definition zur Schriftfamilie finden Sie hier: **Ⓔ**.

CSS-Datei

1 Erzeugen Sie eine neue Datei und speichern Sie diese im Unterordner *styles* unter dem Namen *layout.css* ab.

2 Fügen Sie den Universalselektor ***** ein **Ⓕ**.

3 Geben Sie hier die Definition **font-family: ...** **Ⓔ** für den Webfont ein. Wählen Sie als Schriftschnitt Regular, indem Sie **font-weight: 300;** eingeben.

Webfont (suche.html)

```
1   <!doctype html>
2 ▼ <html>
3 ▼ <head>
4   <meta charset="utf-8">
5   <title>Suche</title>
6   <link href="styles/layout.css" rel="stylesheet"
      type="text/css">
7   <link rel="preconnect"
      href="https://fonts.gstatic.com">
8   <link href="https://fonts.googleapis.com/css2?
      family=Merriweather:wght@300;700&display=swap"
      rel="stylesheet">
9   </head>
10 ▼ <body>
```

Webfont (layout.css)

```
1   @charset "utf-8";
2   /* CSS Document */
3
4   /* webfont */
5
6 ▼ * {
7   font-family: 'Merriweather', serif;
8   font-weight: 300;
9   }
10
```

4 Geben Sie für das HTML-Element `strong` die Definition `font-weight: 700;` ein **G**.

CSS-Grid erstellen

1 Definieren Sie die Eigenschaften des Grids **H**:
- Zeile 18: Darstellung des Inhaltes im Grid-Layout
- Zeile 19: Zentrierung des Layouts, oben und unten ohne Abstand, rechts und links durch `auto` gleichmäßige Außenabstände
- Zeile 20: maximale Breite des Grids
- Zeile 21: Einteilung in drei Spalten
- Zeile 22: Abstand zwischen Zellen

2 Zeilen 25–43: Definieren Sie die dargestellten CSS-Klassen **I**, über die die HTML-Elemente platziert werden.

CSS3: Formularelemente formatieren

1 Zeilen 48–53: Zentrieren Sie den Introtext über `header` **J** mit erhöhtem Zeilenabstand.

2 Die Eingabefelder und der Button bekommen folgende Eigenschaften **K**:
- Zeile 56: Für eine leichtere Wirkung erhalten sie einen helleren Rand mit der Farbe **#999**.
- Zeile 57: Durch die Angabe `width: 100%` füllen die Eingabefelder jeweils die gesamte Breite des definierten Bereichs aus.
- Zeile 58: `font-size: 1em;` ist notwendig, da sonst die Einträge im Drop-down-Menü kleiner dargestellt werden als der restliche Text.
- Zeile 59–60: Erhöhte Innenabstände erzeugen höhere Eingabebereiche.

3 Zeilen 64–67: Der Button erhält die Farbe **#eee** und einen zusätzlichen Abstand oben **L**.

4 Zeilen 69–71: Beim Überfahren des Buttons mit der Maus soll dieser die grüne Farbe des Logos erhalten: **#bbb** **M**.

Webfont, Grid und Formularelemente (layout.css)

```
11 ▼ strong  {
12 G font-weight: 700;
13   }
14
15   /* grid */
16
17 ▼ form, .content {
18   display: grid;
19   margin: 0 auto 0 auto;
20 H max-width: 600px;
21   grid-template-columns: 150px 300px
     150px;
22   grid-gap: 10px;
23   }
24
25 ▼ .breit {
26   grid-column-start: 1;
27   grid-column-end: 4;
28   }
29
30 ▼ .links {
31   grid-column-start: 1;
32   grid-column-end: 2;
33   }
34 I
35 ▼ .mitte {
36   grid-column-start: 2;
37   grid-column-end: 3;
38   }
39
40 ▼ .rechts {
41   grid-column-start: 3;
42   grid-column-end: 4;
43   }
44
45
46   /* style */
47
48 ▼ header {
49   text-align: center;
50 J padding-top: 10px;
51   padding-bottom: 10px;
52   line-height: 2;
53   }
54
55 ▼ input, button {
56   border: 1px solid #999;
57   width: 100%;
58 K font-size: 1em;
59   padding-top: 10px;
60   padding-bottom: 10px;
61   text-align: center;
62   }
63
64 ▼ button {
65 L background: #eee;
66   margin-top: 10px;
67   }
68
69 ▼ button:hover {
70 M background: #bbb;
71   }
```

5 Speichern Sie die im HTML-Editor geöffneten Dateien und schließen Sie den HTML-Editor.

Datenabfrage

Damit die PHP-Befehle ausgeführt werden können, verschieben Sie nun zunächst das Projekt in den htdocs-Ordner von XAMPP.

1 Verschieben Sie den Projektordner *suche* nach ⊞: *C:\xampp\htdocs\ bzw.* ⌘: *macOS > Programme > XAMPP > htdocs.*

2 Erstellen Sie im Projektordner *suche* die Datei *abfrage.php*.

3 Erstellen Sie in der Datei *abfrage.php* das HTML-Grundgerüst Ⓐ für die spätere Anzeige des Ergebnisses. Sie können dazu die Datei *suche.html* kopieren und abändern.

4 Fügen Sie nach dem Element `<main>` Ⓑ den PHP-Code ein, der mit `<?php` Ⓒ beginnt und mit `?>` endet.

Verbindung mit Datenbank herstellen

1 Mit dem Befehl `$mysqli = new mysqli ('localhost','root','', 'bime');` Ⓓ stellen Sie eine Verbindung zur Datenbank her. Wenn Sie die Dateien auf einem Server im Internet ablegen, dann müssen Sie statt **root** den Benutzernamen für Ihren Webaccount, gefolgt von Ihrem Passwort (hier leer), eintragen. Die Eintragung `'bime'` steht für die Datenbank.

2 Der Befehl in Zeile 18 Ⓔ prüft, ob die Verbindung mit der Datenbank hergestellt

HTML-Elemente (abfrage.php)

```
1  <!doctype html>
2  <html>
3  <head>
4  <meta charset="utf-8">
5  <title>Suchergebnis</title>
6  <link href="styles/layout.css" rel="stylesheet"
   type="text/css">
7  </head>
8  <body>
9  Ⓐ<header>
10       <strong>Suchergebnis</strong>
11 </header>
12 <main class="content" style="font-size:0.8em;">
13 <div class="mitte"><button
   onclick="history.back()"><strong>Zurück</strong>
   </button></div>
14 </main>
15 </body>
16 </html>
```

PHP (abfrage.php)

```
11 </header>
12 Ⓑ<main class="content" style="font-size:0.8em;">
13
14 Ⓒ<?php
15
16 // DB-Verbindung herstellen
17 Ⓓ$mysqli = new mysqli ('localhost','root','',
   'bime');
18 Ⓔ if ($mysqli->connect_errno) die ("Database
   Connection Error");
19
20 // Suchbegriff auslesen
21 Ⓕ$suchbegriff = ($_POST['suchbegriff']);
22
```

werden kann und gibt andernfalls eine Fehlermeldung aus.

3 Öffnen Sie einen Browser und geben Sie in die Adressleiste *localhost/suche/suche. html* ein. Prüfen Sie, nachdem Sie die Datei *abfrage.php* gespeichert haben, durch Klick auf *Suchen*, ob die Verbindung mit der Datenbank erfolgreich hergestellt werden konnte.

SQL-Abfrage erstellen

1 Für die Suche muss zunächst der Suchbegriff aus dem Formular der Datei *suche. html* ausgelesen werden. Im Formular haben Sie das Element `<input na-me="suchbegriff">` eingefügt. Durch den Befehl in Zeile 21 **F** wird der Inhalt des Feldes nach einem Klick auf Suchen (`POST`) in die Variable `$suchbegriff` geschrieben.

2 Da die Tabelle *bime_index* in der Datenbank *bime* 5140 Einträge besitzt, ist es sinnvoll, Abfragen nach allen Einträgen (leeres Suchfeld) und Abfragen mit einem oder zwei Zeichen zu verhindern.
- Der Befehl `strlen` in Zeile 24 **G** zählt die Anzahl der eingegebenen Zeichen in der Variable `$suchbegriff` und schreibt das Ergebnis in die Variable `$count`.
- Zeilen 26–30 **H**: Falls der Suchbegriff aus zwei Zeichen oder weniger besteht (`<=2`), wird eine entsprechende Meldung ausgegeben. In diesem Fall werden die PHP-Befehle in Zeile 33–57 **I** nicht ausgeführt, denn das hier verwendete if-else-Konstrukt (Zeile 26 und 33) bewirkt, dass entweder das eine oder das andere ausgeführt wird. Da Anführungszeichen in PHP eine Funktion haben, benötigt man bei jedem Anführungszeichen, das ausgegeben werden soll, wie z. B. in Zeile 27, eine *Maskierung* durch einen Backslash (`\`).

SQL-Abfrage

1 Fügen Sie die SQL-Abfrage in Zeile 33/34 **J** ein. Hier einige Erläuterungen dazu:
- `$ergebnis`: Das Ergebnis der Abfrage wird in diese Variable geschrieben.
- `$mysqli` verknüpft die Abfrage mit der bestehenden Datenbankverbindung.
- `SELECT buch, eintrag, seite`: Dieser Befehl gibt an, dass alle drei

PHP und SQL (abfrage.php)

```
23    // Prüfung ob Suchbegriff kleiner drei Zeichen
24  G $count = strlen($suchbegriff);
25
26  ▼ if ($count <= 2) {
27      echo "<p class=\"breit\">";
28  H   echo "Geben Sie mindestens drei Zeichen ein.";
29      echo "</p>";
30    }
31
32    // SQL-Abfrage und Ausgabe der Ergebnisse
33  ▼ else {
34      $ergebnis = mysqli_query($mysqli, "SELECT buch,
    J   eintrag, seite FROM bime_index WHERE eintrag
        LIKE '%$suchbegriff%' ORDER BY buch");
35
36  K $result = mysqli_num_rows($ergebnis);
37
38  ▼   if ($result == 0) {
39        echo "<p class=\"breit\">";
40  L     echo "Kein Treffer!";
41        echo "</p>";
42      }
43  ▼   else  {
44        echo "<p class=\"breit\">";
45  M     echo "Ihre Suche nach \"$suchbegriff\" ergab
            folgende Treffer:</br>";
46  I     echo "</p>";
47      }
48
49    echo "<hr class=\"breit\"
    N style=\"width:100%;\">";
50
51  ▼   while($row = mysqli_fetch_object($ergebnis)) {
52        echo "<div class=\"links\">".$row->buch."
          </div>";
53        echo "<div class=\"mitte\">".$row->eintrag."
          </div>";
54  O     echo "<div class=\"rechts\">".$row->seite."
          </div>";
55  P     echo "<hr class=\"breit\"
          style=\"width:100%;\">";
56      }
57    }
58
59  Q ?>
60
61  R <div class="mitte"><button
      onclick="history.back()"><strong>Zurück</strong>
      </button></div>
62    </main>
```

Attribute ausgewählt werden sollen.
- `FROM bime_index`: Hiermit wird die Tabelle festgelegt, in der gesucht werden soll.
- `WHERE eintrag LIKE '%$suchbegriff%'`: Die Suche beschränkt sich auf die Werte in `eintrag`, durch das Zeichen `%` vor und nach `$suchbegriff` werden alle Vorkommnisse berück-

sichtigt, egal was vor oder nach der Zeichenfolge steht. Es zählt also z. B. bei der Suche nach „Typo" nicht nur „Typo" als Treffer, sondern auch „Typografie" und „Webtypografie".

- `ORDER BY buch`: regelt die Sortierung der Suchergebnisse, diese werden nach dem Buch sortiert.

2 Fügen Sie den Befehl `mysqli_num_rows` ein **K**, um die Zeilen des Ergebnisses zu zählen. Dieser Befehl ist u. a. notwendig, um später das Ergebnis zeilenweise ausgeben zu können.

Ergebnis ausgeben

1 Geben Sie die Anweisung `if` in die Zeilen 38–42 ein **L**. Falls es kein Ergebnis gibt, also die Variable `$result` den Wert 0 hat, wird die Meldung *Kein Treffer!* ausgegeben.

2 Geben Sie die Anweisung `else` in die Zeilen 43–47 ein **M**. Wenn es ein Ergebnis gibt, wird hiermit ein Text ausgegeben, der den Suchbegriff noch einmal nennt und das Ergebnis einleitet.

Datenausgabe

1 Fügen Sie zur besseren Lesbarkeit eine horizontale Linie ein **N**.

2 Das Ergebnis wird mit einer Schleife (`while`) ausgegeben **O**. Die Schleife wird so oft durchlaufen, bis die Eingangsbedingung erfüllt ist. Der Eingangsbefehl `mysqli_fetch_object` bewirkt, dass jeweils die nächste Zeile ausgewählt wird, bis keine weiteren Zeilen mehr in der Variablen `$ergebnis` vorhanden sind und dann kein Inhalt mehr der Va-

riablen `$row` zugewiesen werden kann. Das Ergebnis wird durch die Zeilen 52–55 dreispaltig im vordefinierten CSS-Grid ausgegeben. Eine horizontale Linie **N** nach jeder Zeile erleichtert die Lesbarkeit der Ergebnisliste und erzeugt eine tabellenartige Optik.

Test

1 Testen Sie nun Ihr fertiges Projekt, indem Sie verschiedene Suchbegriffe eingeben.

2 Testen Sie auch, was passiert, wenn Sie nichts eingeben bzw. wenn Sie nur ein oder zwei Zeichen eingeben.

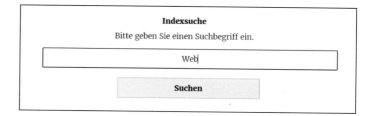

Indexsuche		
Bitte geben Sie einen Suchbegriff ein.		
Web		
Suchen		

Suchergebnis

Ihre Suche nach "Web" ergab folgende Treffer:

AV-Medien	Weber-Fechner-Gesetz	4
Crossmedia Publishing	Web-to-Print-Portal	66
Digital Publishing	Web-Content-Management-System, WCMS	46
Digital Publishing	Webspace	50
Digital Publishing	Webserver	51, 72
Digital Publishing	Web Open Font Format	20
Digital Publishing	Web-Apps	77
HTML5 und CSS3	WebM	34
HTML5 und CSS3	Dateiformate: WebM	34
HTML5 und CSS3	Responsive Webdesign	85
HTML5 und CSS3	Webfonts	60
HTML5 und CSS3	World Wide Web	2

App (Mockup)

Briefing

Szenario

Eine App zum Thema Farbe soll über verschiedene, für die Medienproduktion wichtigen Bereiche informieren. Die App ist für die Portraitdarstellung auf dem Smartphone konzipiert. Sie soll auf den beiden Betriebssystemen Android und iOS lauffähig sein.

Zur Präsentation beim Auftraggeber wird sie zunächst als sogenanntes Mockup (Vorführmodell) erstellt. Das Mockup zeigt das Screendesign mit mehreren Medienelementen und der Navigation.

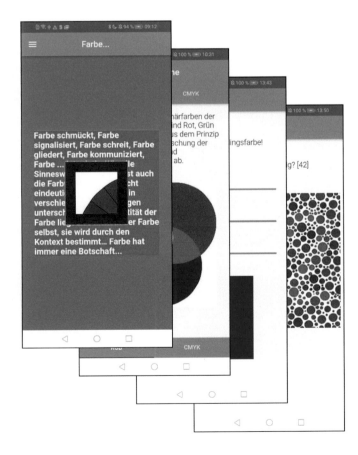

SOFTWARE

- Android Studio (oder andere IDE)
- Java-Entwicklungsumgebung
- Flutter SDK
- Photoshop (oder anderes Bildbearbeitungsprogramm)
- Illustrator (oder anderes Grafikprogramm)

DATEN

- www.bi-me.de/download
- developer.android.com/studio
- www.oracle.com/java/technologies
- flutter.dev

VORWISSEN

S. 76: App-Typen
S. 78: Entwicklungsumgebungen
S. 93: App-Installation auf Android-Tablet und -Smartphone

Digital Publishing

S. 8: Strukturiertes Programmieren
S. 23: Objektorientiertes Programmieren
S. 26: Guter Programmierstil

Webtechnologien

© Springer Fachmedien Wiesbaden GmbH, ein Teil von Springer Nature 2021
P. Bühler et al., *Digitalmedien-Projekte*, Bibliothek der Mediengestaltung,
https://doi.org/10.1007/978-3-658-31378-4_11

Technische Angaben

Welcher App-Typ soll es denn sein?

Es gibt drei App-Typen. Sie unterscheiden sich nach Technologie, Distribution und Performanz.

- *Web-Apps*
  Web-Apps sind Anwendungen, die mit den gängigen Webtechnologien, HTML5, CSS3 und JavaScript, entwickelt werden. Sie werden nicht auf dem Smartphone oder Tablet installiert, sondern laufen dort im Browser. Dies setzt, zumindest beim App-Start, eine Internetverbindung voraus.
- *Hybrid-Apps*
  Hybrid-Apps werden wie Web-Apps mit Internettechnologien entwickelt und dann mit einem Framework wie z.B. PhoneGap bzw. *Cordova* für die verschiedenen Plattformen in einen nativen Wrapper eingebettet. Dies ermöglicht die plattformunabhängige Entwicklung einer App.
- *Native Apps*
  Native Apps sind in Aufbau und Funktion auf die jeweilige Plattform, Android oder iOS, hin optimiert. Native Apps sind dadurch deutlich performanter als Hybrid-Apps. Ein Nachteil ist allerdings der bisher notwendige erhöhte parallele Entwicklungsaufwand für Android und macOS. Moderne Software Development Kits (SDK) zur Erstellung einer gemeinsamen plattformübergreifenden Codebasis vermeiden weitgehend den parallelen Aufwand. Derzeit sind die drei SDKs *Xamarin*, *ReactNative* und *Flutter* in der Praxis führend.

Entwicklungsumgebung

Grundsätzlich können Sie Apps in jedem Texteditor und/oder dem Terminal eines Computers erstellen. Produktiver ist es aber, mit einer speziellen Software als Entwicklungsumgebung (IDE, Integrated Development Environment) zu arbeiten.

- *Xcode*
  Das Entwicklungstool für iOS heißt Xcode. Sie können es von der Apple- Entwicklersite unter **https://developer.apple.com/Xcode** oder aus dem AppStore herunterladen und auf Ihrem Mac installieren. Xcode ist kostenlos.

- *Android Studio*
  Android Studio von Google ist die offizielle Entwicklungsumgebung für Android. Sie können das Android Studio kostenlos von **https://developer.android.com/studio** für

Windows, macOS und Linux herunterladen. Um das Android Studio nutzen zu können, muss das Java Development Kit (JDK) auf Ihrem Computer installiert sein. Download unter **https://www.oracle.com/java**.

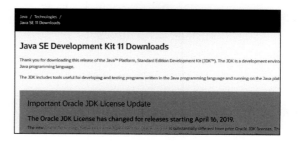

- *Visual Studio und Visual Studio Code*
Visual Studio und Visual Studio Code von
Microsoft sind ebenfalls Programme zur
App-Erstellung. Sie können die Software
für Windows, macOS oder Linux kostenlos
unter **https://visualstudio.microsoft.com/
de** herunterladen.

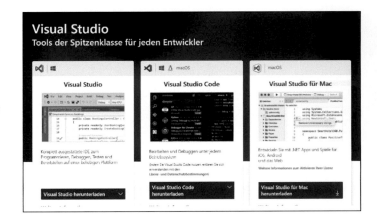

Android Studio und Flutter SDK installieren

Wir erstellen unsere App für Android und iOS
mit Flutter. Flutter bietet mehrere Vorteile
gegenüber anderen Frameworks:
- *Hot Reload*: Änderungen im Quellcode
werden just in time kompiliert und direkt
im Emulator oder auf dem verbundenen
Device umgesetzt.
- *Rendering*: Vollständiges Rendering der
Applikation.
- *Dart*: Moderne Java- und C#-nahe Programmiersprache. Dart wird direkt in den
Flutter-Code integriert.
- *Einheitliches UI-Design*: Die plattformspezifischen Optionen werden beim Rendering
umgesetzt.

Als Entwicklungsumgebung nutzen wir Android Studio und das Flutter SDK. Das Android
SDK ist Teil des Android Studios. Android Studio mit Flutter laufen identisch auf dem Mac
mit macOS oder auf dem PC mit Windows.
Ihre Installation erfolgt auf beiden Plattformen auf dieselbe Art und Weise.

1 Laden Sie die für Ihr Betriebssystem
passende Installationsdatei von *Android
Studio* auf Ihren Computer.

2 Starten Sie die Installation und folgen Sie
der Installationsroutine. Die angebote-
nen Einstellungen belassen Sie.

3 Laden Sie unter Menü *File > Settings... >
Plugins* das Flutter-Plugin **A**.

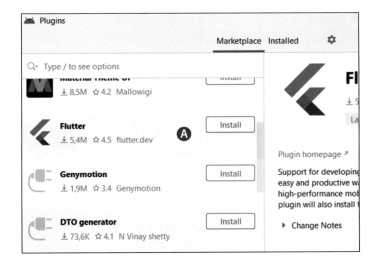

4   Starten Sie das *Android Studio* neu.

5   Öffnen Sie unter Menü *New > New Flutter Project…* ein neues Projekt.

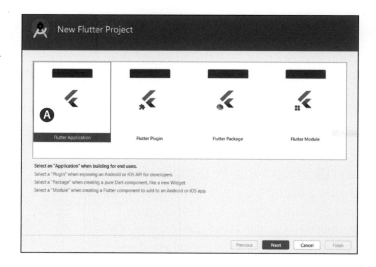

6   Konfigurieren Sie das Projekt:
   - Im Feld *Project name* **B** können Sie einen eigenen Namen vergeben. Beachten Sie, dass nur Kleinbuchstaben und nur der Unterstrich zur Gliederung erlaubt sind.
   - Laden Sie das Flutter SDK von der Flutter-Homepage **https://flutter.dev** auf Ihren Computer.
   - Entpacken Sie das ZIP-Archiv. Es ist kein spezifischer Speicherort notwendig.
   - Tragen Sie im Feld *Flutter SDK Path* **C** den Pfad zu Ihrem Flutter-Ordner ein.
   - Die *Project location* **D** ergibt sich aus Ihrer Installation.
   - Im Feld *Description* **E** können Sie eine Beschreibung der App vornehmen.

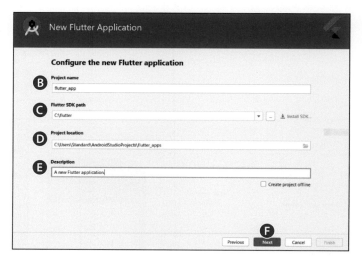

7   Gehen Sie weiter mit *Next* **F**.

8   Im Eingabefeld *Package name* **G** ist als Standard die Internetadresse *com. example* und der Name der App, den Sie vergeben haben, eingetragen. Natürlich können Sie die Vorgaben hier verändern.

9   Schließen Sie die Konfiguration mit *Finish* **H** ab. Die Flutter-Demo-App wird automatisch gestartet.

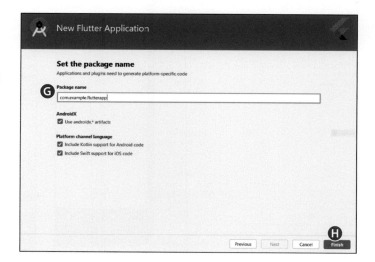

Flutter-Projektstruktur

Der Projektordner **A** wird bei der Erstellung einer Flutter-App automatisch erstellt. Die Dateien und Ordner beinhalten alle notwendigen Komponenten zur App-Kompilierung. In den Ordnern *android* **B** und *ios* **C** liegen die plattformspezifischen Elemente.
Im Ordner *lib* **D** (library) ist die Datei *main.dart* **E** mit dem Start-Programmcode der App gespeichert. Weitere Ordner mit Assets wie z. B. Bilder können im Projektordner erstellt werden. Die Datei *pubspec.yaml* **F** dient dem *Package Management* in Flutter.

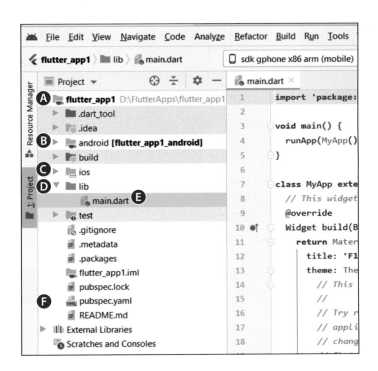

Flutter-App in Android Studio (Windows) mit Emulator

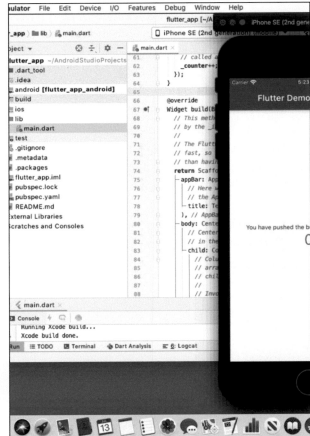

Flutter-App in Android Studio (macOS) mit Emulator

90

Flutter documentation

Unter *https://flutter.dev/docs* finden Sie in der Flutter documentation
Beispielcodes und Tutorials zu allen Funktionsbereichen.

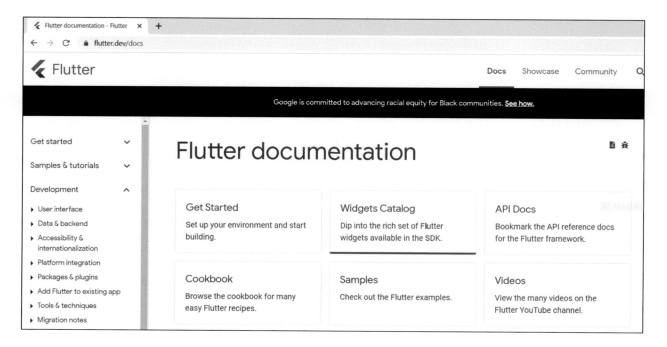

Planung

Konzeption und Entwurf

- Screeninhalte festlegen
- Navigation strukturieren
- Screens gestalten
- Startscreen erstellen

Bausteine

- Stack für Startscreen erstellen
- Drawer erstellen
- Tab-Navigation erstellen
- Gemeinsames Layout für alle Inhaltsseiten umsetzen
- Slider erstellen

Medienelemente

- EPS-Grafiken (RGB/CMYK) in PNG konvertieren und verknüpfen
- EPS-Grafiken (Farbtafeln) in PNG konvertieren und verknüpfen

- TIFF-Bild (Sehtest) in PNG konvertieren und verknüpfen
- TIFF-Bild (Farbkreissegment) in PNG konvertieren und verknüpfen

Fertigstellung

- Screens erstellen
- App konfigurieren
- App kompilieren

Produktion

Entwürfe erstellen

1 Laden Sie die Arbeitsdateien zum Projekt herunter und sichten Sie diese.

2 Entwerfen Sie die Screens als sogenanntes Wireframe (dt. Drahtgittermodell). Ein Wireframe dient zur Veranschaulichung des Layouts.

3 Scribbeln Sie die Screens.

4 Visualisieren Sie die App-Struktur.

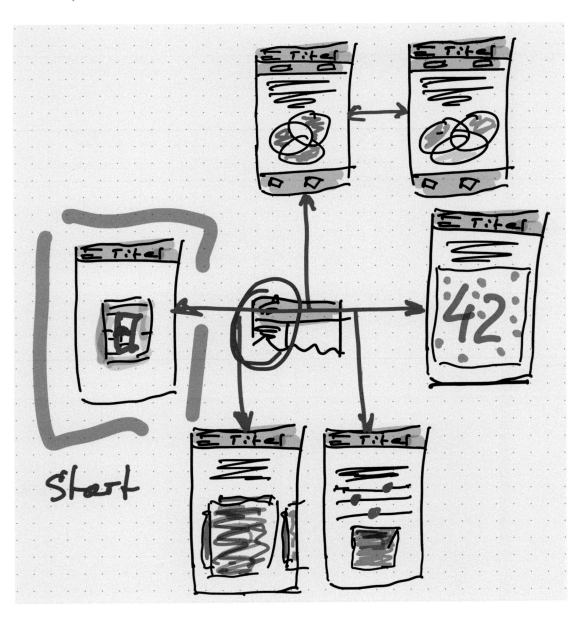

Startscreen erstellen

1 Starten Sie in Android Studio unter Menü *File > New > New Flutter Project...* oder mit STRG N (⊞) bzw. command N (🍎) das Standardprojekt.

2 Konfigurieren Sie das Projekt.

3 Öffnen Sie die Datei *main.dart*.

Emulator erstellen und starten

1 Öffnen Sie unter Menü *Tools > AVD Manager* den Android Virtual Device Manager **A**.

2 Erstellen Sie ein neues *Virtual Device* **B**.

3 Wählen Sie ein Device aus und folgen Sie mit *Next* **C** weiter dem Installationsdialog.

4 Starten Sie die Emulation **D**.

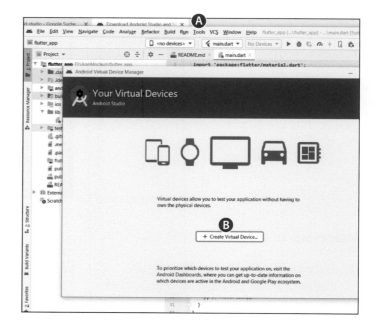

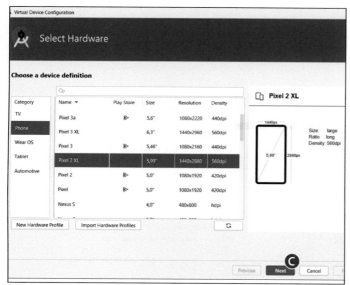

Dateien der einzelnen Screens erstellen

1 Öffnen Sie den Ordner *lib* im Reiter
1 Project **Ⓐ**.

2 Erstellen Sie eine neue Datei. Gehen
Sie dazu mit der rechten Maustaste im
Kontextmenü des Ordners **Ⓑ** auf *New >
Dart File*.

3 Geben Sie im Dialogfeld den Dateinamen ein, in unserem Beispiel *farbsysteme.
dart* **Ⓒ**.

4 Erstellen Sie auf dieselbe Weise die
Dateien:
- farbregler.dart
- farbatlas.dart
- sehtest.dart

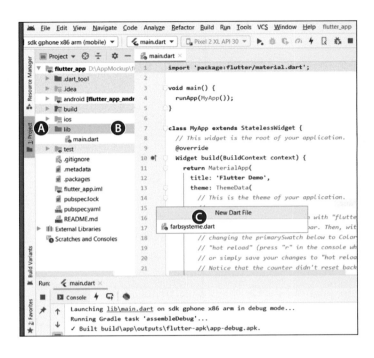

Imagesordner erstellen

1 Erstellen Sie im *Project* einen neuen
Ordner. Gehen Sie dazu mit der rechten
Maustaste im Kontextmenü des Projekt-
ordners **Ⓓ** auf *New > Directory*.

2 Geben Sie im Dialogfeld den Ordnerna-
men ein, in unserem Beispiel *images* **Ⓔ**.

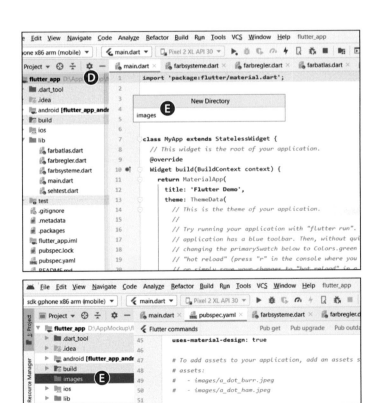

Assets bearbeiten und eintragen

Farbtafeln bearbeiten

1 Öffnen Sie die Datei *farbtafel1.eps* in Illustrator.

2 Exportieren Sie die Datei unter Menü *Datei > Exportieren > Exportieren als...*

3 Wählen Sie als Dateityp *PNG*.

4 Vergeben Sie einen Dateinamen, z. B. *farbtafel1.png*.

5 Exportieren Sie die Datei.

6 Öffnen Sie die Datei in Photoshop.

7 Reduzieren Sie die Bildbreite auf 400 Pixel 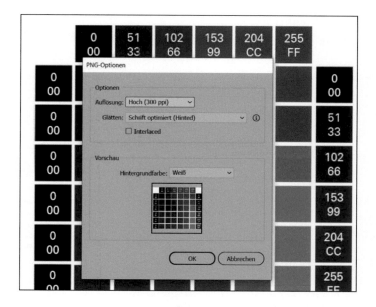.

8 Speichern Sie die Datei im Ordner *images* des Projektordners Ihrer App 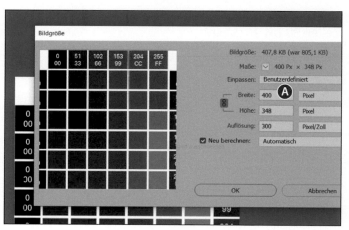.

EPS-Grafiken bearbeiten

Die beiden Grafiken *rgb.eps* und *cmyk.eps* bearbeiten Sie analog zu den Farbtafeln. Als *Bildbreite* stellen Sie, analog zu den Grafiken, im Dialogfeld *Bildgröße 300 Pixel* ein.

Bei der Titelgrafik *farbkreis.eps* bestimmen Sie außerdem noch den Ausschnitt. Als *Bildbreite* stellen Sie, analog zu den Grafiken, im Dialogfeld *Bildgröße 100 Pixel* ein.

TIF-Bild bearbeiten

Die Datei *sehtest.tif* speichern Sie in Photoshop im Format *PNG24*. Als *Bildbreite* stellen Sie, analog zu den Grafiken, im Dialogfeld *Bildgröße 400 Pixel* ein.

Images als Assets eintragen

Tragen Sie die Image-Dateien als *assets* 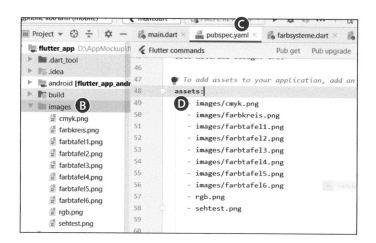 in die Datei *pubspec.yaml* **D** ein.

main.dart

Zeilen 1 bis 6

Verknüpfung mit den anderen Dart-Dateien des Projekts und Flutter-Basisressourcen

Zeile 8

Startfunktion, Verknüpfung mit dem Widget *MyApp*

Zeilen 10 bis 30 (MyApp)

Darstellung im Emulator und Initialisierung der Routes (Verlinkung) mit den weiteren Screens.

- Zeilen 13 bis 15
  Deviceausrichtung nur Portrait
- Zeile 17
  Banner in der rechten oberen Ecke der Vorschau ausblenden

Zeilen 32 bis 96 (Main)

Aufbau der Struktur des Screens

- Zeilen 35 bis 94
  Scaffold, Gerüst des Screens
- Zeilen 36 bis 40
  AppBar, oberer Bereich des Screens mit Titel und Navigation
- Zeile 41
  body, Inhaltsbereich, hier verknüpft mit dem Widget *content* (Zeilen 138 bis 183)
- Zeilen 42 bis 96
  Drawer, Hauptmenü der App in der AppBar

```dart
 1  import 'farbsysteme.dart';
 2  import 'package:flutter/material.dart';
 3  import 'package:flutter/services.dart';
 4  import 'farbregler.dart';
 5  import 'farbatlas.dart';
 6  import 'sehtest.dart';
 7
 8  void main() => runApp(MyApp());
 9
10  class MyApp extends StatelessWidget {
11    @override
12    Widget build(BuildContext context) {
13      SystemChrome.setPreferredOrientations([
14        DeviceOrientation.portraitUp,
15      ]);
16      return MaterialApp(
17        debugShowCheckedModeBanner: false,
18        title: 'Flutter Tutorials',
19        initialRoute: '/',
20        routes: {
21          // When navigating to the "/" route, b
22          '/': (context) => Main(),
23          '/farbsysteme': (context) => farbsysteme(),
24          '/farbregler': (context) => farbregler(),
25          '/farbatlas': (context) => farbatlas(),
26          '/sehtest': (context) => sehtest(),
27        },
28      );
29    }
30  }
31
32  class Main extends StatelessWidget {
33    @override
34    Widget build(BuildContext context) {
35      return Scaffold(
36        appBar: AppBar(
37          centerTitle: true,
38          title: Text('Farbe...'),
39          backgroundColor: Colors.grey,
40        ),
41        body: content(),
42        drawer: Drawer(
43          child: ListView(
44            padding: EdgeInsets.zero,
45            children: <Widget>[
46              DrawerHeader(
47                child: Center(
48                    child: Text(
49                  'Menü',
50                  style: TextStyle(
51                      fontSize: 32,
52                      fontWeight: FontWeight.w900,
53                      color: Colors.white),
54                )),
55                decoration: BoxDecoration(
56                    gradient: LinearGradient(
57                        colors: <Color>[Colors.black54, Colors.black26])),
58              ),
59              drawerbutton(
60                'Farbe...',
61                () {
62                  Navigator.pop(context);
63                  Navigator.pushNamed(context, '/');
64                },
65              ),
66              drawerbutton(
67                'Farbsysteme',
68                () {
69                  Navigator.pop(context);
70                  Navigator.pushNamed(context, '/farbsysteme');
71                },
72              ),
73              drawerbutton(
74                'Farbregler',
75                () {
76                  Navigator.pop(context);
77                  Navigator.pushNamed(context, '/farbregler');
```

Zeilen 101 bis 136 (drawer-button)

Definition von Funktion und Design der Drawerbuttons, sie werden im *Drawer* des Widget *Main* jeweils in den Zeilen 59, 66, 73, 80 und 87 aufgerufen.

- Zeilen 109 bis 134
  Padding, Abstand von Text und Icon zum linken und rechten Rand im *drawerbutton*

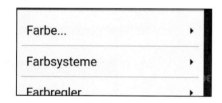

- Zeilen 111 bis 133
  Container, bildet die Fläche des Buttons
- Zeilen 118 bis 131
  onTap, bildet die Funktion des Buttons

Zeilen 138 bis 183 (content)

Inhalt des Screens, er wird im body des Widget *Main* jeweils in der Zeile 41 aufgerufen.

- Zeile 141 bis 179
  Stack, gestapelte Container

```
101  class drawerbutton extends StatelessWidget {
102    String text;
103    Function onTap;
104
105    drawerbutton(this.text, this.onTap);
106
107    @override
108    Widget build(BuildContext context) {
109      return Padding(
110        padding: const EdgeInsets.fromLTRB(8.0, 0, 8.0, 0),
111        child: Container(
112          decoration: BoxDecoration(
113            border: Border(bottom: BorderSide(color: Colors.grey.shade400)),
114          ),
115          height: 50,
116          child: InkWell(
117            splashColor: Colors.amber,
118            onTap: onTap,
119            child: Row(
120              mainAxisAlignment: MainAxisAlignment.spaceBetween,
121              children: <Widget>[
122                Padding(
123                  padding: const EdgeInsets.all(8.0),
124                  child: Text(
125                    text,
126                    style: TextStyle(fontSize: 20),
127                  ),
128                ),
129                Icon(Icons.arrow_right)
130              ],
131            ),
132          ),
133        ),
134      );
135    }
136  }
137
138  class content extends StatelessWidget {
139    @override
140    Widget build(BuildContext context) {
141      return Stack(
142        alignment: Alignment.center,
143        children: <Widget>[
144          Container(
145            decoration: BoxDecoration(
146              color: Colors.black45,
147            ),
148            height: 800.0,
149            width: 800.0,
150          ),
151          Container(
152            child: Text(
153              'Farbe schmückt, Farbe signalisiert, Farbe schreit, '
154              'Farbe glieder.. '
162              'vernünftigem Aufwand realisierbar sein.... ist '
163              'identitätsstiftend.',
164              style: TextStyle(
165                fontSize: 20,
166                fontWeight: FontWeight.bold,
167                color: Colors.white,
168              ),
169            ),
170            height: 300.0,
171            width: 300.0,
172            color: Color(0xFF61c9f9),
173          ),
174          Container(
175            child: Image.asset('images/farbkreis.png'),
176            height: 150.0,
177            width: 150.0,
178            color: Color(0xFFFF0000),
179          ),
180        ],
181      );
182    }
183  }
184
```

farbsysteme.dart

Mit der Datei *farbsysteme.dart* werden Sie zwei Screens erstellen. Die beiden Screens sind mit einer Tab-Navigation und alternativ durch Wischen verbunden. Der Drawer schafft, wie auf den anderen Screens, die Verlinkung zu allen Teilen der App.

Zeilen 4 bis 143 (farbsysteme)

Struktur und Inhalte des Screens in einem Widget
- Zeilen 9 bis 31
  TabController, Tab-Navigation in der AppBar und am Fuß des Screens
- Zeilen 32 bis 89
  TabBarView, Inhalt des Screens
- Zeilen 34 bis 59
  Column, Inhalt des RGB-Screens
- Zeilen 61 bis 89
  Column, Inhalt des CMYK-Screens, der Aufbau ist mit den Zeilen 34 bis 59 identisch
- Zeilen 90 bis 138
  Drawer, Inhalt des CMYK-Screens, der Code ist mit den Zeilen 42 bis 96 der Datei *main.dart* identisch

```
1  import 'package:flutter/material.dart';
2  import 'main.dart';
3
4  class farbsysteme extends StatelessWidget {
5    @override
6    Widget build(BuildContext context) {
7      return MaterialApp(
8        debugShowCheckedModeBanner: false,
9        home: DefaultTabController(
10         length: 2,
11         child: Scaffold(
12           appBar: AppBar(
13             centerTitle: true,
14             title: Text('Farbsysteme'),
15             backgroundColor: Colors.grey,
16             bottom: TabBar(
17               tabs: <Tab>[
18                 Tab(text: 'RGB'),
19                 Tab(text: 'CMYK'),
20               ],
21             ),
22           ),
23           bottomNavigationBar: Material(
24             color: Colors.grey,
25             child: TabBar(
26               tabs: <Tab>[
27                 Tab(text: 'RGB'),
28                 Tab(text: 'CMYK'),
29               ],
30             ),
31           ),
32           body: TabBarView(
33             children: <Widget>[
34  ///////////////////////////////////////RGB//////////////////////////////////////
35             Column(
36               children: <Widget>[
37                 Column(children: <Widget>[
38                   Padding(
39                     padding: EdgeInsets.fromLTRB(20.0, 25.0, 20.0, 0),
40                     child: Text(
41                       'Die Grundfarben oder Primärfarben der additiven '
42                       'Farbmischung sind Rot, Grün und Blau. Sie leiten '
43                       'blauempfindlichen
46                       'Zapfen, ab.',
47                       style: TextStyle(
48                         fontSize: 18.0,
49                         fontWeight: FontWeight.w300,
50                       ),
51                     ),
52                   ),
53                   Padding(
54                     padding: EdgeInsets.fromLTRB(0, 25.0, 0, 0),
55                     child: Image.asset('images/rgb.png'),
56                   ),
57                 ]),
58               ],
59             ),
60
61  ////////////////////////////////////CMYK/////////////////////////////////////
62
63             Column(
64               children: <Widget>[
65                 Column(children: <Widget>[
66                   Padding(
67                     padding: EdgeInsets.fromLTRB(20.0, 25.0, 20.0, 0),
68                     child: Text(
69                       'Im Druck werden die Grundfarben der subtraktiven '
70                       'Farbmischung Cyan, Magenta und Yellow (Gelb) durch '
90           drawer: Drawer(
91             child: ListView(padding: EdgeInsets.zero, children: <Widget>[
92               DrawerHeader(
93                 child: Center(
94                   child: Text(
95                     'Menü',
96                     style: TextStyle(
97                       fontSize: 32,
98                       fontWeight: FontWeight.w900
```

farbatlas.dart

Zeilen 4 bis 165 (farbatlas)

Aufbau der Struktur des Screens
- Zeilen 7 bis 153
  Scaffold, Gerüst des Screens
- Zeilen 8 bis 12
  AppBar, oberer Bereich des Screens mit Titel und Navigation
- Zeile 13
  body, Inhaltsbereich, hier verknüpft mit dem Widget *tafelcontent* (Zeilen 67 bis 152)
- Zeilen 76 bis 92
  Text, positioniert durch Padding
- Zeilen 93 bis 149
  Container mit ListView, horizontale Liste mit den Farbtafeln in *Constrained Box*
- Zeilen 67 bis 152
  tafelcontent

```
1  import 'package:flutter/material.dart';
2  import 'main.dart';
3
4  class farbatlas extends StatelessWidget {
5    @override
6    Widget build(context) {
7      return Scaffold(
8        appBar: AppBar(
9          centerTitle: true,
10         title: Text('Farbatlas'),
11         backgroundColor: Colors.grey,
12       ),
13       body: tafelcontent(),
14       drawer: Drawer(
```

```
67  class tafelcontent extends StatelessWidget {
68    @override
69    Widget build(BuildContext context) {
70      return MaterialApp(
71        debugShowCheckedModeBanner: false,
72        home: Scaffold(
73          body: Center(
74            child: Column(
75              children: [
76                Padding(
77                  padding: const EdgeInsets.fromLTRB(0, 35.0, 0, 35.0),
78                  child: Container(
79                    width: 300,
80                    child: Text(
81                      "Die Farbinformationen werden mit        8 Bit "
82                      "Datentiefe  pro Farbkanal digitalisiert. In den "
83                      "Farbtafeln sind die Farbwerte für Rot, Grün und "
84                      "Blau mit sechs Abstufungen gegliedert. Daraus ergeben "
85                      "sich 6 x 6 x 6 = 216 Farben.",
86                      style: TextStyle(
87                        fontSize: 18.0,
88                        fontWeight: FontWeight.w300,
89                      ),
90                    ),
91                  ),
92                ),
93                Container(
94                  margin: EdgeInsets.symmetric(vertical: 20.0),
95                  height: 400.0,
96                  child: ListView(
97                    scrollDirection: Axis.horizontal,
98                    children: <Widget>[
99                      ConstrainedBox(
100                       constraints: BoxConstraints(),
101                       child: Image.asset(
102                         'images/farbtafel1.png',
103                         width: 480.0,
104                         height: 420.0,
105                       ),
106                     ),
107                     ConstrainedBox(
108                       constraints: BoxConstraints(),
109                       child: Image.asset(
110                         'images/farbtafel2.png',
111                         width: 480.0,
112                         height: 420.0,
113                       ),
114                     ),
115                     ConstrainedBox(
116                       constraints: BoxConstraints(),
117                       child: Image.asset(
118                         'images/farbtafel3.png',
119                         width: 480.0,
120                         height: 420.0,
121                       ),
122                     ),
123                     ConstrainedBox(
124                       constraints: BoxConstraints(),
125                       child: Image.asset(
126                         'images/farbtafel4.png',
127                         width: 480.0,
```

farbregler.dart

Zeilen 4 bis 65 (farbregler)

Aufbau der Struktur des Screens

- Zeilen 7 bis 159
  Scaffold, Gerüst des Screens
- Zeilen 8 bis 12
  AppBar, oberer Bereich des Screens mit Titel und Navigation
- Zeile 13
  body, Inhaltsbereich, hier verknüpft mit dem Widget *reglercontent* (Zeilen 67 bis 161)

Zeilen 67 bis 161 (reglercontent)

- Zeilen 75 bis 77
  Initialisierung der Variablen als Integer (Ganzzahl)
- Zeilen 86 bis 95
  Text, positioniert durch Padding
- Zeilen 96 bis 142
  Definition von Funktion und Design der Slider, sie werden in den Zeilen 96, 111 und 128 aufgerufen
- Zeilen 145 bis 155
  SizedBox, Farbfeld zur Anzeige der Slidereinstellungen
- Zeilen 163 bis 170
  Banner in der rechten oberen Ecke der Vorschau ausblenden

```dart
 1  import 'package:flutter/material.dart';
 2  import 'main.dart';
 3
 4  class farbregler extends StatelessWidget {
 5    @override
 6    Widget build(context) {
 7      return Scaffold(
 8        appBar: AppBar(
 9          centerTitle: true,
10          title: Text('Farbregler'),
11          backgroundColor: Colors.grey,
12        ),
13        body: reglercontent(),
14        drawer: Drawer(
```

```dart
67  class reglercontent extends StatefulWidget {
68    @override
69    _reglercontentState createState() =>
70        _reglercontentState();
71  }
72
73  class _reglercontentState extends State<
74      reglercontent> {
75    int sliderValueR = 0;
76    int sliderValueG = 42;
77    int sliderValueB = 128;
78
79    @override
80    Widget build(BuildContext context) {
81      return Scaffold(
82        body: Container(
83          child: Column(
84            mainAxisAlignment: MainAxisAlignment.center,
85            children: <Widget>[
86              Padding(
87                padding: const EdgeInsets.fromLTRB(0, 0, 0, 50.0),
88                child: Text(
89                  "Mischen Sie Ihre Lieblingsfarbe!",
90                  style: TextStyle(
91                    fontSize: 18.0,
92                    fontWeight: FontWeight.w300,
93                  ),
94                ),
95              ),
96              Text(
97                sliderValueR.toString(),
98                style: TextStyle(
99                  fontSize: 24, fontWeight: FontWeight.w900, color: Colors.red),
100               ),
101             Slider(
102               min: 0,
103               max: 255,
104               value: sliderValueR.toDouble(),
105               onChanged: (double newValue) => {
106                 setState(() => {sliderValueR = newValue.round()})
107               },
108               activeColor: Colors.red,
109               inactiveColor: Colors.grey,
110             ),
111             Text(
112               sliderValueG.toString(),
```

```dart
145             Padding(
146               padding: const EdgeInsets.fromLTRB(0, 30.0, 0, 0),
147               child: SizedBox(
148                 width: 200.0,
149                 height: 200.0,
150                 child: Container(
151                   color: Color.fromRGBO(
152                     sliderValueR, sliderValueG, sliderValueB, 1.0),
```

```dart
163  class ohneBanner extends StatelessWidget {
164    @override
165    Widget build(BuildContext context) {
166      return Material();
167      debugShowCheckedModeBanner:
168      false;
```

sehtest.dart

Zeilen 4 bis 65 (sehtest)

Aufbau der Struktur des Screens

- Zeilen 7 bis 63
  Scaffold, Gerüst des Screens
- Zeilen 8 bis 12
  AppBar, oberer Bereich des
  Screens mit Titel und Navigation
- Zeile 13
  body, Inhaltsbereich, hier
  verknüpft mit dem Widget *sehtestcontent* (Zeilen 69 bis 95)
- Zeilen 14 bis 62
  Drawer, Inhalt des CMYK-
  Screens, der Code ist mit den
  Zeilen 42 bis 96 der Datei
  main.dart identisch

Zeilen 69 bis 95 (sehtestcontent)

- Zeilen 72 bis 93
  Positionierung des Inhalts
- Zeilen 79 bis 85
  Text, positioniert durch Padding
- Zeilen 87 bis 90
  Bild, positioniert durch Padding

```dart
1  import 'package:flutter/material.dart';
2  import 'main.dart';
3
4  class sehtest extends StatelessWidget {
5    @override
6    Widget build(context) {
7      return Scaffold(
8        appBar: AppBar(
9          centerTitle: true,
10         title: Text('Sehtest'),
11         backgroundColor: Colors.grey,
12       ),
13       body: sehtestcontent(),
14       drawer: Drawer(
15         child: ListView(padding:
16         EdgeInsets.zero,
17           children: <Widget>[
18           DrawerHeader(
19             child: Center(
20               child: Text(
21               'Menü',
22               style: TextStyle(
23                 fontSize: 32,
24                 fontWeight: FontWeight.w900,
25                 color: Colors.white),
26             )),
27           decoration: BoxDecoration(
28             gradient: LinearGradient(
29               colors: <Color>[Colors.black54, Colors.black26])),
30         ),
31         drawerbutton('Farbe...', () {
32           Navigator.pop(context);
33           Navigator.pushNamed(context, '/');
34         }),
35         drawerbutton(
36           'Farbsysteme',
37           () {
38             Navigator.pop(context);
39             Navigator.pushNamed(context, '/farbsysteme');
67 }
68
69  class sehtestcontent extends StatelessWidget {
70    @override
71    Widget build(BuildContext context) {
72      return SizedBox(
73        width: 500,
74        height: 700,
75        child: (Column(
76          children: [
77            Padding(
78              padding: const EdgeInsets.fromLTRB(0, 50.0, 0, 50.0),
79              child: Text(
80              'Sind Sie farbtüchtig? [42]',
81              style: TextStyle(
82                fontSize: 18.0,
83                fontWeight: FontWeight.w300,
84              ),
85            ),
86          ),
87          Padding(
88            padding: const EdgeInsets.all(8.0),
89            child: Image.asset('images/sehtest.png'),
90          ),
91        ],
92      )),
93    );
94  }
95 }
96
```

App-Icon einpflegen

Bisher zeigt die App auf dem Device noch das Flutter-Icon **Ⓐ**, dieses soll jetzt durch ein eigenes Icon **Ⓑ** ersetzt werden.

1 Erstellen Sie das Icon in Photoshop im Dateiformat PNG24, Bildgröße 100 Pixel x 100 Pixel.

2 Ersetzen Sie die Flutter-Icons im Projektordner:
- *android > app > src > main > res > mipmap*
- *ios > Runner > Assets.xcassets > AppIcon. appiconset*

Release

Nach der Erstellung der App in Android Studio folgt jetzt *Build and release* der App. Das weitere Vorgehen finden Sie auf der Flutter-Projektseite gut und ausführlich erklärt:

- Build and release an Android app
  https://flutter.dev/docs/deployment/android
- Build and release an iOS app
  https://flutter.dev/docs/deployment/ios

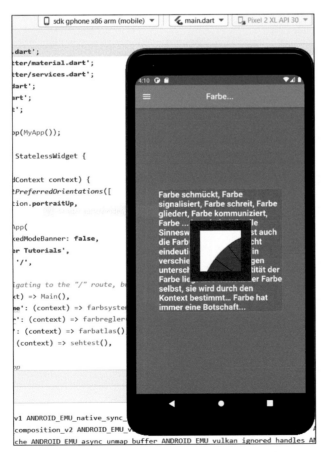

Flutter-App in Android Studio (Windows) mit Emulator

Flutter-App in Android Studio (macOS) mit Emulator

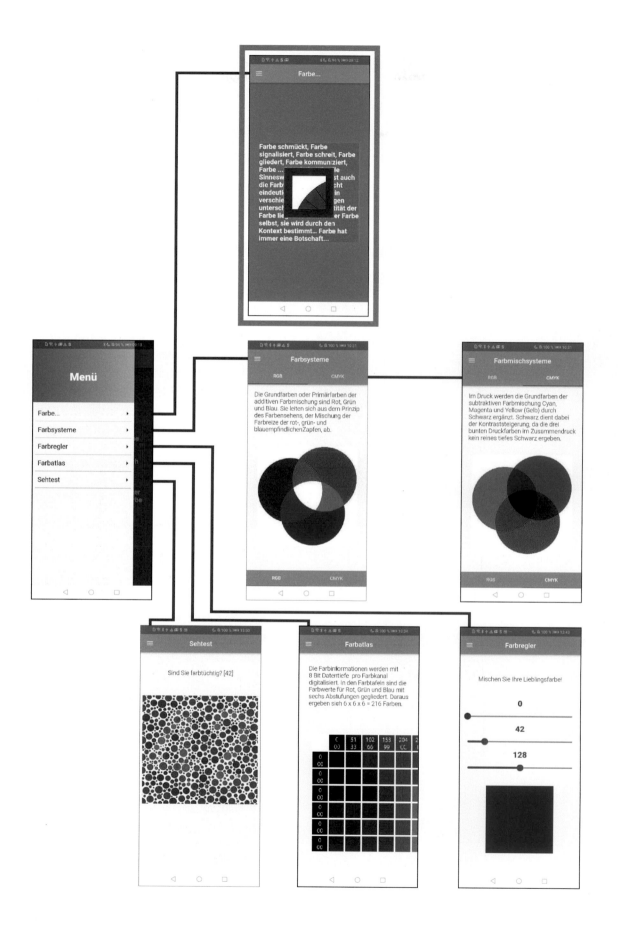

Bibliothek der Mediengestaltung

Die Reihe zur Mediengestaltung in 26 Bänden

Die Bibliothek der Mediengestaltung bietet ein umfassendes Wissen zur Mediengestaltung. Inhaltliche Leitlinien sind die Entwicklungen in der Werbe- und Medienbranche, die Berücksichtigung der aktuellen Rahmenpläne und Studienordnungen sowie die Prüfungsanforderungen der Ausbildungs- und Studiengänge.

Alle Bände enthalten zahlreiche praxisorientierte Aufgaben mit Musterlösungen und eignen sich als Lehr- und Arbeitsbücher an Schulen sowie Hochschulen und zum Selbststudium.

Die folgenden Bände sind im Set enthalten:

- Visuelle Kommunikation
- Digitale Farbe
- Typografie
- Digitales Bild
- Digitale Fotografie
- Zeichen und Grafik
- AV-Medien
- Animation
- Printdesign
- Druckvorstufe
- Druck
- Crossmedia Publishing
- PDF
- Webdesign
- HTML5 und CSS3
- Webtechnologien
- Digital Publishing
- Datenmanagement
- Informationstechnik
- Internet
- Medienrecht
- Medienmarketing
- Medienworkflow
- Präsentation
- Produktdesign
- Designgeschichte

Alle weiteren Angaben zu den Bänden und Sets finden Sie hier:
www.bi-me.de
https://www.springer.com/series/15546

© Springer Fachmedien Wiesbaden GmbH, ein Teil von Springer Nature 2021
P. Bühler et al., *Digitalmedien-Projekte*, Bibliothek der Mediengestaltung,
https://doi.org/10.1007/978-3-658-31378-4

Basisset Gestaltung und Medientechnik

Dieses Basisset enthält sieben Bände der Bibliothek der Mediengestaltung, die zusammen ein solides Grundlagenwissen der Gestaltung und Medientechnik bieten. Die Auswahl der Bände ist abgestimmt auf die Lehrpläne an **Beruflichen Gymnasien, Berufskollegs und Berufsfachschulen** und eignet sich somit optimal zur Unterrichtsbegleitung und Prüfungsvorbereitung.

- Visuelle Kommunikation
- Typografie
- Printdesign
- Webdesign
- HTML5 und CSS3
- Produktdesign
- Designgeschichte

Basisset Mediengestaltung

Dieses Basisset Mediengestaltung enthält sieben Bände der Bibliothek der Mediengestaltung, die zusammen ein solides Grundlagenwissen der Mediengestaltung bieten. Die Auswahl der Bände ist abgestimmt auf die Themen der **Ausbildung zum/zur Mediengestalter/in Digital und Print** und bietet eine optimale Prüfungsvorbereitung.

- Visuelle Kommunikation
- Typografie
- Digitale Fotografie
- Zeichen und Grafik
- Datenmanagement
- Medienrecht
- Präsentation

Aufbauset Printmedien

Dieses Aufbauset enthält sieben Bände der Bibliothek der Mediengestaltung aus dem Bereich Printmedien. Die Auswahl der Bände ist abgestimmt auf die Themen der **Ausbildung zum/zur Mediengestalter/in Digital und Print im Schwerpunkt Printmedien** und bietet als Ergänzung zum Basisset Mediengestaltung eine optimale Prüfungsvorbereitung.

- Digitale Farbe
- Digitales Bild
- Printdesign
- Druckvorstufe
- Druck
- Crossmedia Publishing
- PDF

Aufbauset Digitalmedien

Dieses Aufbauset enthält sieben Bände der Bibliothek der Mediengestaltung aus dem Bereich Digitalmedien. Die Auswahl der Bände ist abgestimmt auf die Themen der **Ausbildung zum/zur Mediengestalter/in Digital und Print im Schwerpunkt Digitalmedien** und bietet als Ergänzung zum Basisset Mediengestaltung eine optimale Prüfungsvorbereitung.

- AV-Medien
- Animation
- Webdesign
- HTML5 und CSS3
- Webtechnologien
- Digital Publishing
- Internet

Printed in the United States
by Baker & Taylor Publisher Services